男人不說女人真不懂

安小萌 著

那些前男友教我的一些事

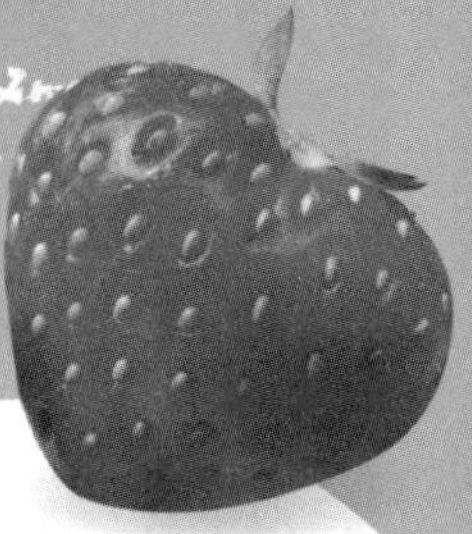

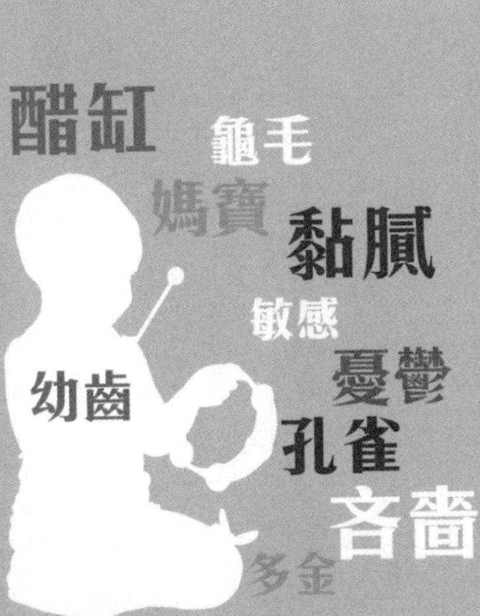

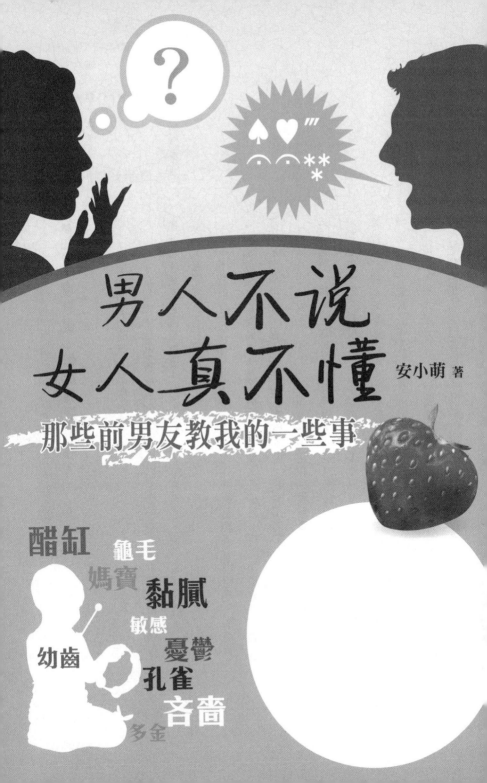

Editor I 編輯序

下一場戀愛，你準備好了嗎？

在愛的路上，沒有人想被「剩下」。

似乎前天還穿著幼稚園的圍兜兜，昨天剛跟死黨在畢業舞會上喝得大醉，今天就有老同學抱著小孩走到面前，笑著說：「乖，叫阿姨哦。」頓時整個人都無言了……

本不是單身主義者，也不是不婚族，林林總總談過幾場戀愛，卻沒有一次完滿收場。單身時，一個人吃飯、一個人洗碗、一個人換燈泡、一個人散步……形單影隻，忍不住在內心默默吶喊：我要交男友！

安小萌，女，二十七歲，正執著地走在「脫離單身」的大道上。從少女時代開始，熱熱鬧鬧談了十場戀愛，還是沒把自己嫁出去，卻積累了十段各具特色的「暗黑戀愛史」，不知道這算不算另類的「天賦異稟」。幸好，始終抱著「遇到的都是恩賜」的心態，每一段感情都認真對待，多結識了幾類男生，也多積累了些人生閱歷。如今，小萌把自己與十位前男友相處的經歷總結成書，與大家分享。準備脫離單身的姊妹不妨作為參考，想一想自己適合什麼樣的男人；已經戀愛的姊妹也可以看一看，借鑒小萌的相處經驗，為自己的感情充個電。

說起小萌的十位前男友，可謂個個特性鮮明：幼齒男又青澀又純真，心智不夠成熟；敏感男細膩體貼，卻容易疑神疑鬼；孔雀男精緻優秀，但也十分擅長打擊女人的自信心……一路看過去，或許會發現，有些竟是自己生活中遇過的類型，看著小萌與他們的互動，不禁也暗暗嘆氣或咬牙，心想：真是相愛容易相處難呀！

小萌對此也深有體會，在與不同男友的相處過程中，見招拆招，總結出了適用不同類型男生的實戰經驗，靈活應對各類相處難題。對待醋缸男，要讓他明白妳的眼裡只有他；和媽寶相處，需要妥善處理和他媽媽的關係；面對憂鬱男，不但得扮成「談心姊姊」，還要學會化解憂鬱……經營感情也有技巧，不想讓自己總是一個人的話，可得趕緊補課嘍！

學到了技巧也別忙著大呼「萬事大吉」，小萌還有二字箴言送你：用心。愛情很容易發生，「床下來電，床上合拍」就□□了。感情卻要拋開各類外在因素，靠兩人的心來維繫，若不用心，即使相愛也不一定能攜手終老。

各位準備脫離單身的姊妹，看到這裡，妳有答案了嗎？下一場戀愛，

Are you ready？

Author

挑男人，適合最重要

生活中絕大部分時間裡，我們都在尋找一種可以快速穩定愛情的竅門。因為對感情的執著，以及天生渴望感情的人性，我們一旦開始了一段戀情，就很容易淪陷其中。

我想大部分女人也都明白，這世間最無法預計的就是感情。縱使妳做了無數的規畫，最後也無法保證自己的情感能乖乖照著計畫發展。或許，也正因如此，我們才有所期待，才會逐漸上癮，最終耽溺在感情裡不能自拔。

每個人都有自己的性格和處事風格，我們無法改變，即便對方是妳的男友或老公，彼此相處，靠的永遠都只有耐心和包容。當然，還有一些有意識的體諒，而這種有意識的體諒，或許能當成一種穩定感情的方式。

可是生活裡，該如何做呢？我想，首先妳要知道男友屬於哪一類型的男人，雖然所有的評判未必百分之百準確，卻也可以作為參考。比如男友屬於醋缸男的類型，那麼和他相處時要明白一點，他們是絕對地愛吃醋，不亞於林黛玉。說不定妳在馬路上偶然看一眼別的異性都會令他渾身不舒服，這時候妳就要有意識地去體諒。當然，所謂體諒，並不是要求妳變成大門不出二門不邁的小媳婦，妳大可以從其他方面去穩定醋缸男的情緒，比如讓他更有自信，經常在他的面前表達愛意，千萬別只回一句「我不是那種人，信不信隨便你」就放任不管了。世上有任何感情可以什麼都不做就完美發展？那樣的幻想根本不存在，只有一種可能，那就是在孤島上，只有他一個男人，妳一個女人，你們大概就不容易分手了。

找男人，適合最重要。

男人的種類多得要命，本書提到的幾種僅是類型代表，不過，選擇什麼其實不重要，關鍵在於：是否適合妳？

小萌的一位女性朋友，她在結婚前有兩個選擇，一個外表不錯，條件不錯；一個外表平平，條件平平。當所有人都認為她會選擇第一個男人，並且因此而羨慕又嫉妒時，她發來的喜帖上竟出乎意料地印著第二個男人的名字，我不能理解，在婚禮舉行過後，問她為什麼？

她說，看上去最好的肯定是第一個男人，但是她心裡明白，適合自己的其實是第二個男人，她說第一個是蓮子男，外表漂亮，出身有山有水的好環境，但嚐起來卻是苦的；第二個男人是荔枝男，樣子很醜，但妳剝開吃了，卻甜滋滋的。妳當然也可以選擇第一種，只是過日子的酸甜苦辣，只有妳自己知道。

事實的確如此，究竟該找一個什麼樣的男人一起生活？目前我們根據很多資訊，可以輕易將男人對號入座到各種類型中，一旦面對打算交往的男人，或已經交往的男人時，我們便會有各種糾結，究竟眼前這個是不是我的如意郎君呢？或者說，他到底適不適合自己呢？其實，在考慮他適不適合妳的同時，妳也要把自己放入考慮的變項其中，到底妳是一種什麼性格的女人呢？

有些女人聽說敏感男不好，媽寶不好，便輕易將這種類型的男人打入冷宮，不聞不問，如此斷然絕決，未免有些盲目，也導致了很多女人找不到男友，總覺得這個也不行、那個也不優。其實真的沒那麼嚴重，正如我所說的，只要他們還不到不可救藥的地步，適當的敏感或者依賴母親都是可以接納的。換個角度來說，有些女生或許就很適合敏感男，比如任何時候都需要男友百分之兩百關注的女生，適度敏感的男人可以帶給她所需要的關心和注意力；若是個性大大剌剌、不喜歡受拘束的女生，和敏感男相處，肯定需要磨合和忍耐的。

感情需要託付熱情去經營，我總是覺得，無論感情中經歷了什麼，幸福的、悲傷的……一切都是值得的，因為只有真的經歷過，才能知道接下來如何面對。

感謝那些曾出現在我生命中的 N 個前男友。

目錄

Contents

XI

Start

寫在開始

第一段戀情開始於高中，十七歲的我交了第一個男朋友。爾後十年，認識許各色各樣的男人，期待著自己的真命天子能夠早日出現。不奢求他是白馬王子，只是期盼，我們能夠在一起長長久久……然而，在經歷了一個又一個的男友後，我才明白，感情中除了等待與期盼，更需要的是瞭解，甚至有時候也得用些小伎倆。

比如與醋缸男分手後，再遇到這樣的男人，我學會如何更成熟地應對。懂得很多時候他的無理取鬧來自對我的在乎，也更懂得如何讓感情的天秤保持平衡。**感情的世界是座小學堂，我們都是彼此的老師**。在彼此身上學會如何發現愛、如何去愛、如何維護愛，這些東西不是任何一本書、一首情歌能夠告訴我們的，而是須要徹徹底底愛過、相處過，才能體會、瞭解，簡言之，這些都是愛過的體驗。

這是一本記錄著我感情經歷的書，希望看到它的姊妹們，能在我的感情經歷中找到適合自己的借鏡，幫助大家談一場更好的戀愛。

1 Chapter

幼齒男

和

無疾而終的初戀

面對幼齒男，需要媽媽心

提到幼齒男，腦海裡就會出現一個衝動不成熟、言語間略帶幾分青澀、不時還耍一點小叛逆、似乎不管年紀多大仍是一副需要呵護的男孩模樣。幼齒男是指心智不成熟的男人，這樣的男人，心智多半還停留在青少年時期。對待愛情自然是永懷浪漫情結，雖不及女人的浪漫情懷那般夢幻，卻也對感情有諸多要求。在他們心中，感情啊，依舊像初戀般純潔而美好。

♥問題不在差幾歲，而是看心智年齡！

作為一個女人，一定要有點年少往事，尤其是大齡女青年，否則人生絕對是有缺憾的。

對於我這樣一個心智健全、姿色優等的準大齡女青年來說更是如此。回憶我的年輕往事，起於高中時代，那時我還是個高二的青澀女孩，愛上了鄰居讀大三的男生劉文。

劉文之所以能入我「法眼」，是因為某次我透過表姊的關係，混入了他們大學的聯誼活動。

高中女孩都羨慕大學女生，她們能自由地戀愛、化妝、聚會……也羨慕她們身邊總是有高大帥氣的男生出現。不像自己身邊，永遠都是一群長不大的幼稚青少年，才交往沒多久，就開始幻想A片情節如何在現實中發生。這也是自高一開始，身邊姊妹們各個都有了男友，而我始終落單的原因之一。

總結以上種種原因，我和兩個要好的「損友」，又是撒嬌又是拜託，無所不用其極的大獻殷勤，終於打動了表姊，帶我們混進了他們學校年末的聯誼派對。

那天我們幾個小女生各自精心裝扮，如今回憶起來，還是有些小女孩偷穿媽媽衣服的感覺。刻意想把自己打扮得成熟，卻忘了高中生和大學生其實差不了幾歲。結果其中一個損友不知道從哪裡找來的過膝長裙外加濃妝豔抹，差點把自己打扮成「大嬸」，我告訴她，以她這身打扮去唱《天涯歌女》或《夜上海》，保證絲毫沒有違和感。

至於我呢，當然不會放過這千載難逢的機會，也花了不少心思裝扮。那日我懷著興奮和期盼的心情，站在聯誼會派對的一角，期待著自己理想類型的男生出現。但是，不知道自己在羞澀什麼，導致我始終站在那裡，身邊的損友都分別巡視獵物去了，唯有我，依舊堅守「壁花」崗位。

「Hi」一個男生對我打招呼。我轉身抬頭看向他，或許是我被晾得太久了，他突然的招呼，讓我倍加感激。轉身的瞬間，燈光打在他身上，閃閃發亮——他就是劉文。

後來的後來，我們在一起了，才知道原來聯誼當時他以為我是大學新

5

生。我心中暗自竊喜，若不是我努力混進去，又怎麼能遇到劉文呢。

那之後，姊妹們都很羨慕我。我也立志要考進劉文的大學，因為劉文說他想繼續考研究所，如果我考進他的大學，我們就可以經常在一起了。

那段時間，我以為自己將來會成為一位幸福的公主，有劉文這樣的王子相伴，讓我今後的生活充滿了幸福。但相處的時間越長，我越清楚地發現，自己不僅當不成公主，甚至逐漸成為了這位王子的「母后」。他需要的包容永遠比我需要的更多，他的任性和脾氣也總是比我還難搞。

相處一年後，我參加大學指考。考前我調整了心中的第一志願，因為考量到畢業後的出路和發展，劉文念的學校並不是我最好的選擇。事前曾和劉文商量，卻遭到他嚴厲的責怪。他怪我出爾反爾，還說早知道我不念他那所大學，他考研究所時就該報考別的學校。可是讓我納悶的是，明明研究所一個月後才開放報考。我跟他說，現在還可以換，沒想到他更焦躁地指責我做事不計後果，他說他做了很久的心理準備，臨到考試才來修改志願，會影響他的實力發揮……我無話可說，只能不停地道歉。

可他卻沒完沒了，糾纏了足足一個星期。在我參加考試的前一天晚上，他突然跑到我家樓下，一邊哭，一邊問我是不是要離開他，所以才要換志願。老天啊，我只是選擇一所更適合我的大學，何況我們仍在同一個城市裡。我一遍遍地解釋，若不是老媽把我從劉文沒完沒了的問題中解救出來，我恐怕連考試都不用參加了。

劉文的反應總讓我覺得，他對我們的感情毫無信心，以至於我不得不按照他的方式去做，可是我想做的事情其實完全無傷我們的感情。

兩個月後，我如願接到了大學入學通知書。我興奮地邀請朋友聚會，一起分享我的快樂。叫他一起參加，他卻開始耍小孩子脾氣，裝病不來就算了，還託他的好友側面告訴我，其實他還在生氣。我覺得可笑，他都幾歲了，還像個孩子。我自己也是個孩子啊，那時我也正值青春年華啊，卻因為與劉文在一起，被迫提前「老化」了。

那次聚會後，我刻意不理會劉文，我知道他過兩天還是會主動和我聯繫。果不其然，兩天後，他又一副委屈的模樣來找我，質問我怎麼不關心他。我當時懶得說太多，只覺得好累。以前和劉文在一起時，我相信年齡不是問題，覺得年齡無法阻擋我們炙熱的愛。而如今，我恍然大悟，造成

問題的不是實際年齡，而是雙方的心智年齡！

人們常說年齡不是問題，放在感情世界中我依舊這麼認為，但是心智可就真的有問題了，尤其是對女人而言。

戀愛中的女人渴望得到寵愛、呵護……她們希望自己被人像對待孩子一樣照顧、重視。可誰也料想不到，自己哪天突然遇到一個男人，他表面成熟穩重，內心卻是個十足的孩子。因為感情，女人不得不放棄自己曾經的幻想，轉而對男人百般呵護，可這樣的呵護何時才會到盡頭呢？女人不可能一直百般包容而不爆發。能百般包容的女人或許存在，那只能說明她強大的母性，剛好與她男人骨子裡無法消除的孩子氣互補，但這種可能性雖比不上大海撈針來得渺茫，現實中恐怕也沒那麼容易，不然為什麼還有那麼多幼齒男被我們遇到呢？

幼齒男是指心智不成熟的男人。當然，有些人也會把長得娃娃臉或身材瘦小的男生稱為幼齒男，不過在這裡，幼齒是指男人的心智。他們的幼稚絕對不局限於外表，長得可愛稚氣的男生往往內心很成熟；而外表成熟的男人有些則不可避免擁有一顆幼齒的少男心。

這樣的男人，心智多半停留在青少年時期。對待愛情自然是永懷浪漫情結，雖不及女人的浪漫情懷那般夢幻，卻也對感情有諸多要求。這也是為什麼，他總會以各種各樣的小事找妳的碴，認為妳不關心他，不在乎彼此的感情。因為在他們心中，感情啊！依舊像初戀般純潔而美好。

幼齒男的內心常常有一個自我定義的世界，在那個世界裡他有自己的認知。比如，他覺得一起逛街就該手牽手；答應要上同一所大學就該做到，即使中間出現無數合情合理的因素也不能改變……其實倒不是結果真的會給他帶來多嚴重的影響，而且他心中清楚，換成是他也會那麼做。可為什麼會沒完沒了地跟妳鬧脾氣呢？很簡單，他有顆baby般脆弱的心，不哄到他開心，自然不會善罷甘休。這一點在母性十足的女人看來，說不定覺得他好可愛唷，但在是同樣不成熟的女生看來，可就天理不容了——「身為女生的我都哄你了，還沒完沒了，不能在一起就分手，我也是需要被寵愛、被照顧的……」

同樣地，幼齒男們對人的關心與愛也自有一套應對。他可能不會注重細節，總是讓妳覺得哭笑不得，這對渴望安全感的女生而言可是大忌。因為幼齒男或多或少給人一種不夠成熟穩重的感覺，不過，這樣的感覺多半是表象，幼齒男愛一個人可真的會愛到「死心塌地」，儘管他有時並不考慮對方是否接受這樣的愛。

總之，想要經營一段長久感情的妳，若自身就需要被寵愛、很孩子氣，最好還是離幼齒男遠一點吧。不要等到最後傷了彼此的「孩子心」，再來懊悔這一段沒有結果的感情經歷！

至於如何判斷一個男人內心是否幼齒，也不困難。幼齒男心智不成熟，常常會表現得比較自私。他們會先關注自我的感受，這是心智不成熟者的本能反應。很黏人，比較缺乏安全感，有自己的一套理論，遇到事情他們會比別人先感到委屈，需要人安撫。

聽得起承諾，禁得起失落

承諾是女人永遠抵禦不了的「武器」。多少女人的傷心源自承諾。因為它初次被說出口時，總是無比悅耳動聽，甚至令人意亂情迷，再開口時又充滿疑問，最後成為心痛的癥結所在。

一個成熟的男人不會輕易承諾，因為他清楚承諾的意義。但若是一個孩子氣的男人，承諾就像他生活中不可或缺的一部分。他慣於用承諾來證明自己對一個人的愛，但卻很少考慮到後果。

大二時，劉文突然在我生日當天來找我，帶了我最喜歡的甜品，那種感動與驚喜是很多女人都無法拒絕的。尤其是當妳內心對他還有留戀，且和他分開後，又還沒找到下一個對象時。

轉眼間大三快結束了，所有人都開始忙碌起來，為畢業後的出路做準備，我也如此。但劉文似乎總不能理解，每當我忙著四處尋找適合的工作，不能經常與他黏在一起時，他就會一遍一遍地問我，是不是覺得他不夠好，是不是我有了別的想法。要知道，人在很累、很煩時，還要像個輔導老師一樣語重心長地開導對方，那有多麼不容易。於是，某一日我爆發了，結果換來劉文連續一個月沒完沒了地追問，內容還是老生常談。我常常在一個人時問自己，為什麼他就不能像個男人一樣思考問題，又或者，是否我真的做得不夠好？

有一次，為了完成畢業論文而去請教學長，結束後我請學長吃飯，劉文非要跟，無妨，那就一起去吧，反正我做事光明磊落。沒想到，一頓飯吃下來，劉文一直挑我毛病，最後弄得我跟學長都很尷尬，後來在校園裡碰到學長，都恨不得找個地洞鑽進去。

那之後劉文向我承諾過無數次，以後不會再孩子氣，但每一次都以這樣的結果告終。後來我也開始麻木了。那種感覺就像有個人在妳身上劃傷口，第一次很痛，第二次很痛，反覆幾次下來，感情裡已經什麼都不剩了。

劉文一次次對我承諾，他不會再這樣，不會再那樣，可是下一次還是依然故我。後來我知道，他就是這樣的一個人。或許也不能怪他，他所理解的世界跟我所認為的世界，本來就不在同一個時空裡。或者有另一種說法：我太老了，跟不上他那年輕肆意的人生。

長不大的男人是因為心智不成熟，心智幼齒的男人多半有些自私。因為自私，他們很少考慮到別人的感受，包括他們口口聲聲說愛得死去活來的女人。他們總是輕易地許下承諾，當然這跟那些狼心狗肺的男人不同，因為在許下承諾的那一瞬間，他們心裡不是為了欺騙而承諾，是為了承諾而承諾。至於往後如何執行，他是否能實踐這個承諾，通常已與他們無關了。

但這往往比欺騙更傷人。如果是個負心漢，大不了自認倒楣，老死不相往來。可遇到這些天真的幼齒男，妳又總下不了決心，總想著再給他一次機會。就好像賭博，在不知道自己會傾家蕩產、一無所有之前，就算輸了也還想再試試，說不定就能……

但感情中哪有什麼說不定呢？要不妳就做一個聽得起承諾，也禁得起失落的人，要不就趁早從一段不適合的感情中解脫吧。

我想我不夠成熟，或者說我不夠包容劉文，所以我從這段感情中退出了。我知道他是真心的，可惜他只會用他自以為對我好的方式來愛我，卻從未認真思考我究竟需要什麼。這應該也是很多感情無法延續的重要因素之一。

孩子還小時，總是認為他們想的都是對。就好像劉文在我們分開後一段時間後，還是一直問我到底他做錯了什麼？我答不上來，其實他什麼都沒做錯，只可惜我不是那個能耐心以對，並且不厭其煩諄諄教誨的人。

所以，如果妳想要和幼齒男長相廝守，首先得具備一顆如幼稚園老師般柔軟寬容的心，凡事多一點包容，同時，妳還要能夠非常理性地聽取幼齒男給妳的承諾，即便承諾變成謊言，妳也願意再次押注，只要妳相信精誠所致，金石為開。

幼齒男們的承諾就像小孩子喜歡玩具一樣，今天喜歡這個，就說這是他最喜歡的，明天看到了那個，又覺得那個才是最好。當然這不表示他們不專一，只是他們口中的承諾往往時效性不長。比如答應了妳這樣，但明天他又那樣了，當妳質問時，他又會百般委屈，其實他自己確實思考過，但天生理智不多，自然容易隨興而為。

想要扭轉這種局面，就要抱著不怕吃苦、奮勇向前的決心。小時候，我們想改掉不良習慣時，除了經一事長一智之外，就是靠著媽媽不厭其煩地嘮叨，改變幼齒男也是如此。但切記一點，畢竟妳不是他媽媽，如果妳嘮叨過度，可能會讓他產生孩子慣有的叛逆心理，到時他轉頭一走了之，妳恐怕也招架不住。

面對幼齒男，妳不妨這樣做：首先，要審查。

審查自己是否真心對他，不然也是耽誤人家；然後，審查對方是不是真心對妳，不然妳做再多也於事無補。

其次，把他不涉及妳原則性問題的幼齒行為，當成對妳愛意的表達。只要他不朝三暮四，就算他像劉文一樣，總有沒完沒了的問題，或老是一堆「他覺得」、「他認為」，那都無所謂，誰教你們真心相愛呢，全都無所謂。

再次地，在這一切基礎上，記下他所有的承諾，不時讓他溫習，這算不是辦法的辦法了。

別指望他自己變成熟，要用愛去引導他

很多年以後，在朋友的生日宴會上與朋友的阿姨聊天，可能是因為我們倆都挺無聊的，竟然從下午一直聊到了晚上。我聽著這位阿姨講述她年輕時和丈夫的種種往事，似乎在她丈夫身上看到了劉文的影子。

看到她與丈夫的感情現在竟然如此的好，我也開始反省，是否我當初退出得太早？

她和丈夫二十幾歲時認識，心裡始終想結婚的她，一直等到三十幾歲才結婚。她說那時候丈夫的心還不定，就像個小孩子，所以唯一能做的，就是陪著他一起長大，大到他能夠擔起做她丈夫的責任為止。

印象最深的一件事，發生在她二十七歲時。那一年他答應會在年底前和她結婚，然而就在婚禮一切都籌備好，喜帖也發出去之後，他突然說想去當無國界醫生，並希望她為此延後婚期。

實在很難相信，即使未婚夫做出這種事，她竟然還等著他，如果換做我，一定會轉身離開——就算心再疼。或許因為如此，我才錯過了劉文。

她說大多數女人的反應也都會像我一樣，但她選擇等待。首先因為愛，其次是她真的瞭解他，這些改變不是因為他對她的愛減少了，而是因為他還有太多想法沒去嘗試過。她說，如果她不允許他去，兩人當時也是可以結婚的，但恐怕無法長久幸福，因為他心裡會一直留著一個遺憾。當時很多人都說她傻，說那樣一個男人不值得等待，他太不成熟，但她依然停留在原地。

兩年後他回來了，回來之後一直忙於參與各種基金會，他總是說還不到結婚的時候，直到又過了三年，她終於如願以償。

但她從不認為等待是無謂的，因為她覺得，一路以來自己都陪著他成長，把他從一個心智不成熟、總是有太多任性想法的幼齒男，變成了結婚之時有責任、有擔當的丈夫。而現在的她越發覺得，當年的等待是值得的，丈夫因為擁有許多實踐自己想法的機會，無論想法是否正確或成熟，都會成為人生中十分珍貴的養分，對一個男人而言更是如此。

她的故事雖然像極了某些老梗電影，但如果妳能與她面對面坐著，聽聽這段經歷，看著她講述時的神情，相信妳的心也會出現些許變化。

聽完她的故事後，我失眠了，驚嘆她愛的能量，但並不後悔自己與劉文錯過，因為換成我，肯定做不到，所以我可能終究無法與幼齒男締結連理。我深刻感到自己不像她那般成熟，因為我清楚自己是一個怎樣的人，預定二十七歲結婚，就算二十七歲時找一個醉漢嫁了，也要在離婚以前滿足自己實現願望。我絕對不會為了某個男人而改變自己終生的計畫——就算我再怎麼愛那個男人也一樣。

愛一個人其實就是這樣，前提不是你們有多符合對方的期待，而是你們能夠為彼此做多大的犧牲或改變。當妳可以為一個人死去活來，那多半也說明妳已愛他愛得死去活來了。說到改變，和幼稚男在一起，最先被改變的常常是我們自己。女人除了要愛自己，還需要關懷和疼愛別人。套用一句《敗犬女王》裡的台詞：「男人看到女人就像蜜蜂看到花一樣，黏上去；像我這麼美麗又堅強的女子，男人就像看到虎頭蜂一樣，一個一個躲。」所以，女人絕對不要丟了自己的溫柔和賢慧。要相信「每一個女

孩都是公主，總有一天會找到自己專屬的王子」。

對待幼齒男有時就要拿出對待小男孩的態度。他們常常會有很多想法，如果妳想和他在一起，那麼，妳首先要做的不是強制去改變他們，而是去引導他們。這就是展現妳能力的時刻了。一般來講，可愛的小女生通常做不到，因為她們多半屬於急需索愛的一類，相反地，內心較為成熟的女人可能更容易駕馭這類男人。換言之，內心成熟的女人愛人的能量較強大，會疼人，給關懷，但不給藉口；給感動，但不會讓男人激動。我事後思考自己失敗的原因，也是因為如此。我往往不會掌握火候，結果成了易燃物，很危險。有時劉文只是抱著索愛討摸摸的心態和我小鬧一下脾氣，但我卻信以為真，控制不好，直接開戰了……

妳身邊的幼齒男無論是完全的小男生，還是一臉絡腮鬍，外表很大叔內心很幼齒的老男孩，都不要指望他們跟妳在一起後會自己變成熟，更別打算強硬地改變他們。小男孩會認為妳是個惡婆婆，內心受傷對妳敬而遠之，老男孩則會直接把妳擋在心門外，妳反倒賠了夫人又折兵，所以一定要講究策略。

策略一，請審視妳自己，妳是哪種女人？如果妳很清楚，自己是一個極度渴望愛的小女孩，偶爾的決定可能有些傷人，妳最好還是放手吧。如今，身邊越來越多的小女孩被問及喜歡什麼類型的男人時，都異口同聲：「呃，我覺得還是比自己大一點比較好，會照顧人、疼人。」看吧，妳骨子裡就是和幼齒男合不來，像我，每每劉文和我撒嬌耍無賴時，我第一反應絕不是母愛氾濫的溫柔體貼，而是氣得爆炸在心裡暗罵：「到底要怎麼樣，我自己還需要安慰、需要愛呢！」

看到沒，這就是區別。不要以為「時間可以改變一切」，有些本性是無法改變的，除非妳肯花上幾年甚至十幾年的時間，先從改變自己開始，說不定還有轉機。

策略二，如果妳就是下定決心要跟他在一起，抓住他這個人，留住他的心……那就需要從改變自己做起了。這個過程可不簡單，在他面前，妳的內心要盡量表現得大孀一些，切記是內心可不是外表。他們這類男生其實各個是外貌協會會員，大都喜歡外表可愛亮麗，內心又有些大嬸的女人，完全是個自我糾結的矛盾體。但細細想來也不難理解，幼齒男不是有張看了就讓人想掐一把的小嫩臉蛋，就是有著非同一般的氣場，自然也要找一個可以和他搭配的美女。但回歸到內心層面，又總喜歡在妳面前擺出一副拉著大人衣角要糖吃的可憐樣，試問，內心不大嬸的女生，怎能招架得住呢？

想長久就要受得了男人那顆「少男心」

回想起來，自己也曾對劉文深深著迷過。我第二次見到他，是在圖書館裡，他穿著乾淨的短袖粉色格子襯衫，安靜地坐著，我近乎兩眼發直地看著他，一旁的琳達敲敲我的頭，壞笑著說：「是不是覺得他像一朵散發芳香的花？」我害羞地趕緊拉著琳達走開，因為這時劉文好似察覺了我的視線，正朝我們這邊看過來。

就是這樣乾淨而美好的感覺讓人不能自拔。隨後的幾次約會，他的模樣始終如初，交談時略帶青澀的微笑，試問哪個女人能不沉淪？

那段時間，念大學的他時間比較彈性，因此只要我週六不補習，兩人就會出去看電影。那次他依舊事先買好了電影票——一部外國搞笑動畫片。因為我喜歡看好萊塢大片，而他喜歡文藝片，各讓一步後，我們決定看動畫片。

女孩們總是會在約會前精心打扮，我自然也不例外。現在想來，那時為了約會可真是嘔心瀝血，現在就算是去見吳彥祖，恐怕都沒那時的心情了。衣服換了七八套也沒合適的，看看時間，還有一個小時，來得及，繼續換。結果很顯然，和大部分姊妹一樣，最後還是穿了前兩套中的一套。興高采烈地搭上計程車，拎著一個和年齡不大相符、略顯成熟的小皮包——從老媽那裡A來的，朝著電影院走去。

遠遠地看到劉文站在電影院前，我小跑步迎上去。結果人家卻黑著一張臉說：「妳知道現在幾點了嗎？」

我當然知道了，快要八點了，有什麼問題嗎？事實證明的確有問題，我記錯了電影票上的時間，電影是七點開始，我卻記成八點。但正常的劇情不該是男主角打很多通電話給女主角，女主角的手機剛好不在身上，男主角一直傻傻地等，最後才會生氣嗎？問題是，我的手機一直在我的視線範圍內，但劉文一通電話也沒打來。我問他為什麼不打電話呢，看時間快到時打個電話給我。結果他卻說，為什麼要打電話，我就是要看看妳會多晚來，為什麼那麼不用心，到底都在忙什麼？

偶爾回想起那次的爭吵，換做成熟點的人，是否會和藹地安慰他一兩句，是否會兩人沒隔閡地去看下半場電影？

可惜我做不到，相反地，我也火大。我就是因為太用心才耽誤的，不然我刻意打扮個屁，真是讓人火大。可就當我火還在熊熊燃燒時，劉文恰到好處地給我澆了一桶汽油——直接將兩張電影票丟給我，什麼話都沒說，一臉委屈，轉身叫車離開了。獨留我一個人在原地，怒火越燒越旺，最後化為灰燼，自生自滅……

日後我總是不時回憶起那日的片段。當我和劉文還在一起時，它是個無法消除的裂縫，因為對任何一個青春熱情的女孩來說，被自己喜歡的男生那樣單獨留下，情何以堪。可他也有自己的一套理論，事後他說自己也很受傷，認為明明是我的錯，為什麼我還要找理由，卻不懂得安慰他一下，考慮一下他的感受？

Oh my god！誰來考慮我的感受呢？那時的我正值青春年少，無限期待愛情，卻不懂得包容。因為打從情竇初開，我所接受的所有資訊，無論是雜誌、小說還是電影都告訴我，男人愛我就該包容我、疼我。當然，如今我明白了，那樣的想法很狹隘，愛應該是互相的，只不過，我這樣的女人和幼齒男顯然做不到互相啊。

提到幼齒男，腦海裡就會出現一個衝動不成熟、言語間略帶幾分青澀、時不時還耍一點小叛逆、似乎不管年紀多大仍是一副需要呵護的男孩模樣。這類男人既缺乏精英男士的歷練，又沒有成熟男人的沉穩，乍看起來有點貧乏，缺點無數。但值得一提的是，幼齒男大都有著清澈的眼神、純淨的心靈，未經世俗污染，對愛情的嚮往仍舊純粹，不摻雜絲毫雜質……如此說來，幼齒男

們有可能是這些浮濫世俗愛情中真正的「優質男」！只是妳我都知道，找到適合自己的優質男不容易，要成功抓住他的心，和他永遠在一起又談何容易。

因此，想要和幼齒男長久，女人得經得起他那顆「少男心」。用「小跟班」來形容幼齒男多少有那麼點曖昧，但不得不承認，當我說出這個詞，尤其是當我過二十五歲以後，腦子中瞬間閃現出許多青春、唯美、乾淨的臉。他可能是《豪傑春香》裡活潑愛惡搞的李夢龍，或者是《情書》中的少年藤井樹，亦或是《那些年，我們一起追的女孩》中成績暴爛而且又調皮搗蛋的男生柯景騰……內心成熟的女人，很容易在這些男生清澈的目光裡淪陷。

的確，這很重要——「內心成熟的女人」，事實上愛美之心女人皆有，年輕可愛略帶幼稚的小女孩也會喜歡這樣的男生。但喜歡並不代表能夠駕馭，通常幼齒男和幼齒女是很難長久相處的，因為兩個人都不成熟，都等著被愛、被疼，很難在感情中取得平衡。

反之，若是內心成熟些的女人呢？她們有著更加細膩的心理，對待感情和兩性關係，既成熟穩重又充滿了青春的幻想，與幼齒男可謂極品組合。幼齒男剛好能夠提供這些內心成熟的女人所期待的愛情美感。

在這個充滿物慾與肉慾的社會中，生活中處處充滿令人厭惡的事情，人與人之間的冷漠越來越多，深情款款則越來越少，這讓許多的女人面對感情時心灰意冷。但幼齒男的出現，改變了這個看似灰暗的局面。他們對待愛情的乾淨和純粹，總是能讓很多女人不自覺地放下心中的防備，走入彼此構築的甜蜜世界，但前提是，姊妹們一定要承受得住他們那份過黏、過甜的甜蜜。

因為幼齒男還不夠成熟，所以總會有一些任性、調皮和叛逆，尤其是他們非常容易受到身邊朋友，甚至一些無關緊要的事情影響。和女朋友相處時，無論對方比他們大還是小，都會習慣性地依賴對方。這也是為何很多女人在與幼齒男的交往中敗下陣來後，不知是抱怨還是惋惜地說：「像是和孩子生活在一起。」事實上，這種情況對任何女人來說都是一種挑戰，因為女人天生就是依賴性極強的動物，與幼齒男交往的正確方式，就是像姊姊一樣慢慢去引導他們。

首先，自我犧牲，放下那些小女生的任性和胡鬧，就算是裝，也要裝出有智慧與溫暖包容的樣子。在他疲憊時張開溫暖的懷抱，用姊姊般的善解人意來緩解他的壓力和抑鬱。充分開發妳柔弱外表下帶著幾分韌性的內心。記住，包容和理解是應對幼齒男的最佳武器，他們一旦愛了，往往會真心去愛，所以妳大可以把和其他男人在一起時用於猜忌的心思，放在包容他們幼齒的心上面。

愛情面前，很多心裡有個小公主的女生，包括我在內，第一個想到的多半都是自己，習慣從別人身上得到更多的疼愛，因此很難和幼齒男合得來，通常都是被幼齒男純淨的外表所吸引，最後又因為幼齒男過於天真的行為而分道揚鑣。由此可見，如果想和幼齒男長久，首先要放棄妳內心的小公主，讓自己變得獨立而堅強，雖然這是現代女人的基本條件，但並非每個女人都能做到。

同時，對幼齒男的寬容和愛也要拿捏有度，永遠要留給自己至少三分，接下來就是等著妳的「小男孩」慢慢長大，回味一路相守的時光。

Chapter 2

醋缸男
和
老死不相往來的結局

醋缸男的醋缸不分男女老幼，隨時能打翻

極品醋缸男的醋缸可不分男女老幼，隨時能打翻。他們吃醋的能力強大到妳無法想像。和醋缸男相處，會徹底顛覆妳對戀愛吃醋這件事的任何美好想像。跟醋缸男相處的訣竅，其實就是讓他知道妳的眼裡只有他，而且要盡量多去表揚他、稱讚他。當然，若讚美過頭，他們也有可能因此被砸得遍體鱗傷哦。

♥ 醋缸男的無名火

自從和阿 Ben 在一起之後，聚會只要有他參加，姊妹們言談都變得很小心翼翼，因為阿 Ben 是一個十足的醋缸男。

在沒接觸阿 Ben 以前，我對醋缸男的定義並不是那麼明確。怎麼說呢，就是吃醋啊。我想，一個男人為妳吃醋，必然是因為在乎妳，而且男人吃女人的醋，這女人肯定也有做的不周全之處，所謂一個巴掌拍不響，只要自我檢點一些就肯定沒問題了。

可是如今呢？我真想狠狠賞自己幾個耳光。我真是目光短淺，誰說只要自己檢點就沒事了？那簡直就是沒事找事，真是鬧到不行。

和姊妹在 LINE 上多聊幾句，沒來得及回覆他的訊息，就開始不高興，說他在我心裡連個姊妹都不如。沒聽過范瑋琪的《一個像夏天一個像秋天》嗎？姊妹和男友同等重要。帶他參加姊妹們的聚會，妳也知道，幾個女生聚在一起不是購物就是八卦，這邊說兩句，那邊說兩句。他聽完回家又開始鬧脾氣，追問個不停，某某說的那個某某是誰？他幹麼對妳那麼好？諸如此類，真是懶得解釋。其實也的確沒法解釋，我怎麼知道人家幹麼對我好？人家想對我好是他的事，我又沒接受。

最無法接受的是那次一起看電影，從電影院出來時還有說有笑的，誰知道一到餐廳他又不高興了，臉臭得要命，點菜時也沒好氣。

到底哪裡來的那麼多不高興？

我盡量想打破沉悶的局面，就找個話題繼續聊電影中的場景。漸漸地，他的態度好轉些，但沒多久臉又臭了。這次我也不高興了，怎麼我一直找話題你卻動不動就擺臉色，你以為你誰啊！誰料他火氣似乎比我還大，問了句，那誰誰就那麼好？

真是要瘋了，原來他又開始吃電影裡男演員的乾醋，有沒有搞錯，那只是演戲，不料阿 Ben 還是不肯放過我，問我是不是覺得他不夠好……

怎麼很簡單的事，到了阿 Ben 這裡就說不通呢？

這就是醋缸男，他們吃醋的能力強大到妳無法想像。如果妳真的和醋缸男相處，會徹底顛覆妳對戀愛吃醋這件事的任何美好

想像。看到某些肥皂劇中女主角對男主角無理取鬧吃醋都忍不住要罵幾聲的我，如今面對現實中阿 Ben 這種男性版，真得很難不抓狂。

很多時候妳根本無法明白，為什麼男友會突如其來的火大，臭著一張臉，如果他的內分泌系統沒有嚴重失調的話，那一定是因為某些枝微末節令他吃醋或嫉妒了。

基本上，他們通常會在這些時刻多發無名火——

看電影或看電視時，會在妳評價某個異性明星後突然臭臉；

在妳提及某個異性朋友或同事的某些事情後突然臭臉；

和閨蜜聚會太過頻繁而冷落他，比如打電話妳，妳因為要接閨蜜的電話而匆匆掛掉他的後開始臭臉；

逛街時有陌生異性跟妳說話，妳禮貌地和對方交談超過兩句話後莫名的臭臉；

回到家，吃完飯就去上網後莫名臭臉；

聽到妳稱讚某某帶妳去吃了頓很不錯的午餐，或送妳一個很不錯的禮物後，即便他明知道妳和那個某某只是再清楚不過的普通朋友關係也不行，莫名的臭臉……

諸如此類，沒和醋缸男相處過的女人一定會深吸一口氣，並瞬間表現出深刻的同情。而如我一樣和醋缸男有過相處經驗的女人，也是深呼一口氣，默哀起碼二十秒不想說話，沒辦法，天意弄人，什麼極品都讓我們遇上了。

所以，如果妳男友經常在以上這些情況下莫名臭臉，很顯然，他正是極品醋缸男，得知此「噩耗」妳千萬要挺住。如果妳渴望與妳的極品先生長久相處，切記多加注意，不該說的話就別說。雖然妳也有妳的道理，所謂不做虧心事，不怕鬼敲門，心正不怕影子斜。但我要說的是，這道理他都懂，只是那醋勁一上來，誰管妳三七二十一，就是一頓臭臉外加批鬥，何必呢？沒聽過善意的謊言嗎？中午和誰誰去了哪裡，沒必要說的就不說；誰誰又送了妳一個禮物，無論男女，回家說自己買的就好了。要知道，極品醋缸男的醋缸可不分男女老幼，隨時能打翻。

♥他希望妳的眼裡只有他

人吃醋多少和性格有關，而性格是人最難改變的部分。Oh my god，為什麼我總是能遇到人間各種極品！阿Ben真的徹底突破了我對一個人忍耐的底線。因為他沒日沒夜的臭臉，搞得我做什麼事情都得先在腦子裡打草稿，雖然我不斷告訴自己——「放輕鬆，不生氣，這是愛的表現」，可我自己也不知道還能忍多久。

阿Ben總說我不知道自己對他來說有多麼重要，我也總說其實我知道，而且你對我來說也同樣那麼的重要，難道要我每天說十幾遍？ＯＫ，我若愛你，那就讓自己像習慣上班打卡一樣，習慣每天說愛你。

阿Ben總說，他吃醋是因為怕我覺得他不夠優秀而離開他，他嫉妒那些被我談論的其他人。好吧，我無話可說，可我們又不是連體嬰，我也要去上班，也有自己的生活，生活中難免和其他人產生交集。難道我跟你在一起以後，就要和姊妹們說再見，即便與她們相處的時間比認識你的時間還要長？每次收到愛慕者送的禮物，二話不說就把那人揪出來臭罵一頓：「你有事嗎？閒著無聊送我禮？」然後再到你面前說，「今天又有個無聊的人送我東西，雖然那東西不錯，我還是退給他了……」無論男女老少均是如此。

每每我說這種話時，阿 Ben 都在一旁笑。我真覺得一點都不好笑，我又不是在開玩笑，只是表明我所處的現狀。其實你擺臭臉不開心時，知不知道我有多委屈。我這樣一個清白的好女孩，踏踏實實地想跟你在一起，什麼事都不隱瞞，明明白白地告訴你。就算告訴你有人送禮物對我表明愛意，也是希望你更珍惜我；就算姊妹們聚會，她們又提起我以前的某某某，也是督促你，希望你對我更好。我也有自己的生活，我再喜歡哪個男明星，也不會影響我們的關係，就算我沒事就收集他的卡片，不時還存錢去看他的演唱會，但我很清楚，每天晚上陪我一起吃飯、週末陪我一起逛街的人是你。親愛的，我做不到眼裡只有你，因為偶爾風沙大，我說不定會閉起眼睛誰都不想看，但我心裡肯定只有你，這還不夠嗎？

對於大部分醋缸男來說，內心潛在的自卑使他們動不動就擺

臭臉，身為新時代有涵養的女人，這一點我們可以理解。的確，這個時代賦予男人的壓力實在太大，沒車沒房不行，有車有房長得太抱歉也不行，長得好看但太娘了也不行，身為男人有幾塊腹肌是基本吧……諸如此類，難免搞得那些原本粗枝大葉的男人們，開始變得神經兮兮，留意女人們周圍、口中那些有的沒的其他人。

OK，該理解的我們能理解，但該批評的絕對不能縱容。

跟醋缸男相處的訣竅，其實就是讓他知道妳眼裡只有他，而且要盡量多表揚他、稱讚他。當然這和跟孔雀男相處時的稱讚與表揚又不一樣，孔雀男是一群自信極度膨脹的傢伙，多大的讚美他們也接得住，但醋缸男可完全不同，若讚美過頭，他們有可能因此被砸得遍體鱗傷哦。

首先來說說「眼裡只有他」這件事。又不是演鬼片，自然不可能做到眼睛裡二十四小時都有他的影子印在上面，這裡指的是讓他感受到自己存在的價值。

價值感對男人來說是非常重要的，有些男人甚至把這種價值感視為存在感。所以，當他與妳相處時，妳若總是和他討論身邊的其他人，他自然就會覺得自己毫無存在感，尤其此時妳討論的對象明顯強過於他，他自然會不開心，表現出來就是莫名的臭臉，然後將其解釋為吃醋。其實，大多數吃醋男臭臉不開心只是表象，深層原因多半都出自於此。

當然也有一些超級吃醋男無醋不吃，就連自己孩子的醋也吃，例如埋怨老婆花在孩子身上的時間太多，越來越不重視和他在一起的時光之類。真想替這些男人的老婆給他們每人一個巴掌，不想想孩子是誰的？女人自己要是能生孩子，男人早就滅絕了，連自己孩子的醋也吃！要是想證明自己的存在感，不如讓老婆休息一下，換你們去帶孩子，相信你們就沒空去胡思亂想了。

綜上所述，和醋缸男相處時多聊聊妳和他的事，並且多關注他這個人吧。

接下來說說關於「讚美」這件事。這種狀況最容易出現在妳妹們或朋友們的聚會中。越是要好的朋友姊妹，嘴巴通常越沒遮攔，三不五時就會相互挖苦彼此的男友。其實說白了，人家也是給你面子，看得起你才這麼做，你若想不開，總覺得人家看不起你也沒辦法。這時候，會做人的女友總是能夠適時地站出來，替男友說一兩句好話。其實醋缸男很需要妳適時站出來，為他說一兩句好話，他們會覺得很有面子，覺得自己很重要。不過這一兩句好話什麼時候說、怎麼說，還是需要推敲的。

比如琳達的姊妹阿蘭，她的男友也是個極品醋缸男。她的一位異性老友在她生日時送了一個名牌包，大家見狀就起鬨，紛紛羨慕阿蘭有這樣一個出手闊綽的老朋友。其實就只是老朋友，並不是舊情人，但她男友卻不高興了，看阿蘭很喜歡那包的樣子就生氣。阿蘭趕忙說好話，「哎呀，其實這包也沒什麼，老公給我買的東西我才最喜歡呢，就算不是名牌也好呢。再說我老公說過要給我買名牌，是我自己不要的。」沒想到阿蘭此話一出，卻讓男友更加火大，當場掉頭走人。要是阿蘭不說最後一句，恐怕又是另一番景象了，但最後一句話正好戳中男友脆弱又吃醋的心理，當然不會有好結果。

其實男人很好哄，至少比女人好哄，尤其是對吃醋男——那就是見到他後，我們別的不說就只說彼此吧。

別比較，越比越火大

你知道最令男人頭疼的事情是什麼嗎？沒錯，就是比較，各式各樣的誰好誰不好，彙聚在一起，就是謀殺愛情的利器。這一點也是和醋缸男相處必須要注意的，不然搞不好就會兩敗俱傷地分手嘍。

我就犯了此類錯誤，且不止一次。

那段時間白天上班，晚上在夜校上課。所謂人往高處爬，學無止境，於是就報名了一門室內裝潢課，也是為日後結婚自己裝修新房做準備。

我這個人比較笨，那種需要精密計算的東西學一兩遍是學不會的，幸好那裡的一個老師是我大學學長，見我焦頭爛額，便好心答應在週六日不忙時幫我補習。千萬不要認為我有劈腿出軌的嫌疑，人家學長孩子都兩歲了，而且學長的老婆我也認識，我們彼此絕對都沒那意思。更何況回憶當初大學時光，學長對我的評價是──「那時候還以為妳是個小男生，妳當時短髮嘛。」

誰知道就是這樣的事情，到了醋缸男阿Ben那裡又成了爭執不休的事端。起因是上週和他約了這週六一起看電影，但因為正好學長有空，我臨時更改行程，配合學長的時間準備補習。這下醋缸男火了，什麼他不重要之類的話統統拋出來，我邀請他跟我一起去，他又不去，只是一個勁地批評我，外加擺臭臉……我呢，也沒說話，畢竟是我違約在先，可阿Ben卻沒有打算停下來的意思。

隨後可想而知，我們直接大吵起來。真不明白，一件無傷大雅的小事，竟然最後吵到要分手的地步。ＯＫ，分就分吧，我自認沒做錯什麼。就這樣，兩個人越吵越厲害，吵到最後我覺得自己也控制不住了，當阿Ben問是不是我覺得他不好時，我竟然也生氣地說：「對，你說的都對！動不動就擺臭臉，你看看身邊誰的男友跟你一樣，拜託學長幫我補習，叫你一起去又不去，扯個沒完。沒錯，人家就是比你好，至少不像你一樣小心眼，你覺得我不夠在乎你，我還覺得自己太委屈呢。」

這話說完阿 Ben 愣在原地。消氣後，我細想自己話是否說得太重？但說都說了，也沒辦法。和阿 Ben 在一起時也曾得到很多快樂，醋缸男因為容易吃醋，所以總想做得更好一點。他總是不時帶給我一些驚喜和浪漫的氣氛，但也經常會莫名地吃乾醋，這事就像來「大姨媽」，一個月一次，妳不接受也不行，雖然麻煩，但妳知道那是妳青春年少的象徵，若一個月來個七八次，就算再有什麼象徵，妳心裡也肯定會想：「去他媽的青春年少，我只想要舒服一點過日子。」

人生氣時什麼話都可能說出口，有些話一旦說出來，就算之後兩個人和好了，這話也已經像釘子一樣釘入對方的心。即使妳拔出來了，還是會留下一個窟窿，只有等著時間讓它慢慢地癒合，或者根本不會癒合，成為一道永久的傷疤。

跟醋缸男相處更是如此，有些話千萬不能隨便說出口。也許

妳會說，氣頭上誰管得了啊。的確，火氣上來了，大多數女孩也不顧一切豁出去了。如果妳遇到的是個神經大條的男友就罷了，倘若妳的男友是這種醋缸男，就必須要注意了，除非妳不打算和他長久走下去，下定決心放棄這段感情了，不然，切記無論何時務必控制妳的情緒，那些會傷及自尊的話絕對不要說。

大部分醋缸男的自我認知都與事實有很大落差。他不像孔雀男，就算妳這邊說得天花亂墜，或者說得火氣十足，人家自備滅火器，三言兩語就讓妳啞口無言，無論妳說得多麼難聽，人家都認為是妳個人的問題，與他無關。但醋缸男剛好相反，大部分醋缸男會把妳的話當真，即使只是一些氣話也會傷他很深的。

第二點，很重要的一點，千萬別輕易當著他的面拿他和別人比較。這對他來說是不可原諒的事情，絕對會在他心口上留下深深的傷口，且絕對難以癒合，這將成為你們感情路上的曲折。為了妳好他好大家好，上策就是別去比較。

就算妳心裡清楚誰誰的男友很好，也不要說出來，畢竟那是人家的，妳說了也不會變成妳的。當然，就算妳只是想說一說，激勵一下自己男友，也要懂得換個角度來說，千萬不能以正面表揚的方式在醋缸男面前讚美別人。相反地，妳可以在誇讚自己男友的前提下，側面聊聊別人，這樣問題還不大。

說到這裡，妳可能會覺得麻煩，怎麼談個戀愛還有這麼多注意事項。然而，正如同現在妳所糾結的一樣，他也正為了如何與妳好好在一起而努力。畢竟，經營感情必須靠兩個人的心來維繫。如果妳以為感情的維繫只要靠時間慢慢累積就好，那就大錯特錯了，所謂感情維繫，兩字箴言——用心。

♥ 我又不是黏膩女

如果妳問身邊的姊妹，告別一段戀情是什麼感覺，無論這段感情裡她是被愛的還是愛別人的，第一個感觸絕對都是「遺憾」。一段感情無論長短，勢必都真心投入過，當然得先排除掉某些「西門町式戀情」。

阿Ben和我之間的感情就是如此，每每回憶起來都覺得遺憾。可是啊，這世上除了神鬼之說不由人外，最不由人的就屬感情了，畢竟我們都曾努力過。

阿Ben現在的女友是一個很可愛的小女生，二十四小時恨不得都能黏在他身邊，妳懂的，就是那種很小女人的感覺，是所有「大女人」一族看了都想賞她兩耳光的那種，好啦我承認，會有這樣的想法，大概與我這個「前女友」的身分有關吧。

聽朋友無意聊起他們相處得甜蜜又和諧，似乎阿Ben也不再像和我在一起時那樣頻繁擺臭臉。遺憾嗎？遺憾，但不是因為這一點，畢竟我不是黏膩女，她能做到的那些事，我想我一件都做不到。

很久以後，我陰差陽錯地和阿Ben搭同班飛機回台灣，本想打個招呼就過去了，沒想到阿Ben和我旁邊的乘客換了位置，直接坐到我身邊。起初我們有些尷尬，因為彼此那段無疾而終的戀情，但聊著聊著，那些往事也就放下了，我告訴他我有了新男友，也得知他現在挺幸福的。

這一次應該是我們從相識、相戀到相忘以來，聊得最愉快的一次。我們其實都很清楚彼此在感情中的問題，他知道他介意的東西太多，其實很多介意都沒必要，只是當那段感情還在發酵時，就是做不到；而我何嘗不是呢，雖然清楚他對我的在乎與緊張，深知醋缸男的種種行為都沒有惡意，只是那段時間一旦被催化就沒法壓抑，終究還是我太爭強好勝了吧。

臨下飛機時，阿 Ben 對我說：「妳知道嗎，我從來沒有對妳講過，妳是個很優秀的女人，因為妳的優秀，所以很多時候我覺得自己配不上妳。」沒等我仔細思考，他又突然問我，如果下次再遇到一個像他一樣的男人怎麼辦？我只是微笑，反問，那你呢？他也微笑，然後說，不知道，說不定會繼續輪迴啊。身陷感情中的人總看不清好多事。

醋缸男愛吃醋多半都是因為缺乏安全感和內心自卑的緣故。和這樣的男人相處，女人需要學會示弱，並且逐漸幫他建立自信心，只有這樣，你們的感情才會日趨穩固。

第一步要做的，讓他感受到妳的全心全意。正常情況下這都是由男人來做的，但是誰教妳愛他呢，再說，何必去爭這個，抓

緊幸福就對了。比如給他個驚喜，不會下廚的妳為他做頓飯；經常打電話他，比如午休時叮囑他記得吃飯之類的。

第二步，讓他以為他是妳的生活重心。切記，只是「讓他以為」。我認為一個女人想要幸福，一定不能為了男人放棄自己原本的生活重心，否則會讓自己成為男人的附屬品。但面對內心較脆弱的醋缸男友時，妳可以製造假象，來點善意的欺騙是可以被原諒的。比如在一起時，放下原本要看的書和他聊天，家中明顯的角落都按照他的喜好來布置，妳內心則為自己的另一面保留棲息之處，但表面上盡量讓男友覺得妳非他不可。

第三步，幫他一起心理重建，給他自信心和安全感。如前面說過的，多去讚美他，這年頭唯一還有用的就是讚美，但切記要拿捏好分寸，免得傷人誤己。安全感一般是女人最需要的，但若妳的男人恰巧欠缺怎麼辦呢？首先，妳可以小小雀躍一下，一般讓醋缸男覺得沒有安全感的戀情，多半都是因為他們認為女伴太優秀所致，表示妳在他心中有著女神般的地位。此時妳要讓他知道，妳愛的、妳眼裡、妳心裡，甚至妳的歌聲裡都只有他。社交聚會一定要以男友的約會為優先，不要隨意改變和他約定好的計畫，如果非改不可，也要想個好聽的理由。當他表現出不滿、擺臭臉時，不要硬碰硬，要先壓下自己的脾氣，哄一哄男友，別覺得心理不平衡，畢竟妳可是他心中的女神欸！

3 Chapter

龜毛男

和

精緻得過分的瑣碎

龜毛男不龜則已，一龜驚人

我們去哪吃午飯?
讓我想一下……
半小時後……
三小時後……
親愛的,
我們還是想去哪吃晚飯吧。
……

龜毛男臉上永遠是 nothing（無表情），所以說，真正能接受極品龜毛男的女人，不是還沒出生就是住在火星。任憑妳有傾國傾城的美貌，他就是能不為所動。他們絕不陽萎，卻精神不舉——該表白時失憶，該接吻時吐痰，該充血時貧血，該上床時尿遁。綜上所述，龜毛男不龜則已，一龜驚人，龜毛之處，所向披靡！

❤變異的龜毛男「碎嘴、碎嘴、碎嘴……」

最早認識李曉宇時，我還在和阿 Ben 戀愛。那時李曉宇是以琳達的同事身分出現，我們一起吃過幾次飯，印象最深刻的一次是，我第二次和他吃飯時問他是不是 gay（同性戀）？現在還記得，當初他聽到我這麼問後先是尷尬，爾後有些氣憤的樣子。

他解釋了一兩遍自己不是後就開始逼問我，為什麼會懷疑他的性取向。事實上，他看上去的確挺 man 的。但至於我為什麼會那麼問呢，當然也有根據。之前我所認識的所有異性戀男人，基本上都是沉默寡言的，就算有幾個個性幽默開朗，也很少會和女生們湊在一起聊八卦。相反地，我所認識的 gay 就不同，他們就喜歡和姊妹們聚在一起扒八卦，上至名人下至路人，沒有他們不想扒的，也沒有他們扒不到的，嘴碎的程度堪比被無情拋棄後的女人心，那是粉碎粉碎的。

隨後，我因為跟阿 Ben 之間分分合合好心煩，有事沒事總和琳達膩在一起。而大部分時間這位超級龜毛的小宇也在，可能因為有過被我傷害的經驗，所以對我的事情特別好奇，當時的我覺得，他肯定是想找機會扳回一城。

最終我跟阿 Ben 分手了，心情差到極點，琳達和阿尤約我出來吃飯，我知道她們是不想讓我孤單一人，幫我度過分手難關。

吃飯時小宇也在，後來得知是他要琳達帶他來的。席間我們聊著聊著就聊到阿 Ben，或者說，是我的話題總圍繞著阿 Ben 吧，畢竟哪有那麼容易說分就分，彼此相處的習慣和感覺都還在，雖然已經形同陌路，但心還不習慣已經分開的事實。琳達和阿尤只是在一旁替我唉聲嘆氣，不料小宇反應很大，一直在一旁大鳴大放，把阿 Ben 從裡到外罵了一遍。本來就心煩的我一聽小宇在一邊沒完沒了就更煩了，直接站起來對小宇喊道：「別人的事跟你有什麼關係，沒完沒了地說，累不累？天天像個女人似的講東講西，無聊！」說完我轉身就走，聽見身後的琳達向小宇解釋說我心情不好。

我一個人沿著餐廳外面的路走著，聽見身後有人追來，以為可能是琳達或阿尤，也沒回頭。不料竟然是小宇，他跟我道歉，並且送我回家。在我家樓下，小宇一改往日碎嘴的模樣，一臉嚴肅地跟我說：「無論我說了什麼，其實我只是希望，妳能趕快從那段不好的感情中走出來，如果妳願意，我想帶妳走出來……」

我知道小宇要說什麼，雖然意外，但女人的直覺告訴我，Oh my god，他喜歡我啊！我告訴他我現在只想回家休息，這段時間發生了太多事情，我的腦容量顯然不夠用，無法思考，以後再說吧。

後來的一個月，小宇約過我兩三次，我都拒絕了。琳達偶爾打電話約我出去玩也懶得去。畢竟我是女人啊，如水的女人啊，失戀這麼大的事，我也得「大張旗鼓」地走完整個過場才行。

直到一個月後琳達來家裡找我，她本以為我還在那鬱悶呢，一開門卻見我正在敷面膜聽音樂喝下午茶，便問：「來之前我還擔心一開門看見妳蓬頭垢面，滿臉淚痕，正在研究自殺攻略，結果竟然是在家自己享受？也不和我們聯繫，要去約會哦？」

我一愣，的確，今天我答應了小宇的第五次約會請求。不過，我是早上才答應小宇出去的，怎麼還沒出門琳達就知道了？想都不用想，肯定是小宇說的。

琳達笑嘻嘻地看著我，說：「小宇早上在電話裡告訴我的，怎麼樣，妳意下如何？人家可是約很多次了，也說挺喜歡的……」

我聽著琳達的話，本來嘛，好姊妹之間無須有祕密，可這件事不是從我口裡說出來，就是感覺怪怪的。對小宇的些許好感瞬間又破滅了，這男人怎麼這麼喜歡跟別人「說三道四」？

琳達在一邊全然沒有意識到我內心的變化，還在說小宇的好話。我說既然這麼好，不如大家一起吧，琳達這才反應過來，詢問原因。我告訴她，人好不好雖然很重要，可是個性也得考慮，小宇有點太龜毛了，我怕自己可能受不了。

琳達聽後也點點頭，的確，她和小宇認識的時間比我長，以前她總開玩笑說小宇長了張女人的嘴。不過琳達還是覺得我該放開心胸，反正現在也沒有新的目標，不試怎麼知道不合適，說不定這一試還能發現自己龜毛的潛質呢。

本來龜毛男應該是拖拖拉拉的少言寡語型，但隨著大氣污染不斷加重、食物安全指標不斷下降，他們其中的一部分開始發生變異，突變成有事沒事碎嘴不完的類型，可能是因為人們沉默太久，以致他們變種成了有說不完的話。不過值得一提的是，話說來說去，其實永遠都是那麼幾件事，表面上他們吱吱喳喳不停，但真正要他們做決定時又開始猶豫不決。換言之，透過我對龜毛男一段時間的瞭解和考察，發現像小宇這樣的龜毛男，其實已經是少數中的精英了。首先，他能夠向我大膽表白，並且連約我五次，通常情況下，極品龜毛男是絕對做不到的，他們通常會把妳叫出來，然後一邊看著妳，一邊一臉便祕狀，支支吾吾起碼半個鐘頭後問妳一句，「吃飯了嗎？」

有沒有搞錯，就算沒吃飯，看你那便祕狀看了半個小時，大概吃不下了吧。

龜毛男的字典裡沒有「春天」，他們總是覺得這也不好那也不好，所以下個決定比牛還慢。通常要聽他的想法，妳大可以在準備喝下午茶之前問他，喝完下午茶之後妳或許就能得到答案。這一點小字也是如此，說好了約我出來吃飯，見了面後才開始想要吃什麼。拜託，你約人家難道不應該先想好嗎？結果呢，頂著大太陽足足站了二十分鐘，他也說不出來要去哪裡吃飯，最後乾脆直接路邊選一家。

龜毛男臉上永遠是 nothing（無表情），所以說真正能接受極品龜毛男的女人，不是還沒出生就是住在火星。任憑妳有傾國傾城的美貌，他就是能不為所動。他們絕不陽萎，卻精神不舉——該表白時失憶，該接吻時吐痰，該充血時貧血，該上床時尿遁。綜上所述，龜毛男不龜則已，一龜驚人，龜毛之處，所向披靡！

這樣看來，似乎應該鮮有女人會看上他們？如果妳這樣想就大錯特錯了。跟憂鬱男一樣，龜毛男有著看一眼就令妳渾身酥軟的眼神，是女人最難割捨的致命溫柔。無論是傳統沉默型龜毛男，還是都市變異型碎嘴龜毛男，他們吸引人的共同點，就是溫柔的個性！

那麼，妳的男友究竟是不是龜毛男呢？一般而言，龜毛男的幾大特性如下：

1.思考優先者，行動力很差，一件事要想好久，但想好了並不是為了去行動。

2.一種內向自閉很少說話，另一種說話不止，八卦不休。

3.神情中總是隱含著淡淡的憂傷和溫柔，不說話或不做決定時很吸引人。

4.忽冷忽熱，反覆無常，行為不合邏輯，令人摸不著頭緒。

5.疑心病很重，愛比較，但受性格影響，他們即便心裡很計較也不會直言，但是會不停找理由讓妳間接意識到，這點很煩人。

6.表面上與世無爭，其實內心非常消極。

7.一心多用，邊吃早餐邊看報紙是他的拿手好戲。

8.表情單一，可能是上輩子肉毒桿菌打多了，這輩子才喜怒表情相差不大。

9. 自我意識強，簡言之，比較自私，戀愛中不是付出型，即便前期主動，後期也會變得懶惰。

10. 除了跟自己過不去這點之外，再也找不到其他持之以恆的優點。

♥ 龜毛男是十足的自我糾結體

回到跟小宇第一次約會的話題，因為有過在烈日下曝曬二十多分鐘，皮膚足足黑了一個色階的殘酷經歷，再次約會時我決定先入為主，自己選好要去哪裡。但考慮到怕小宇認為我在抱怨上次的事情，所以乾脆先詢問他這次去哪裡。電話那頭半天沒說話，喂了半天後才有回應，說正在上網查。拜託，有沒有腦子啊，你要查起碼先說一聲，我先掛電話，你愛怎麼查就去查吧，我又沒說現在就要答案。

在被氣得差點吐血後，我掛掉電話，讓他去查吧。我想這次總會查個不錯的吧，上次那家隨便找的餐廳實在太難吃了，而且完全不適合約會。雖然只是在考察期，但身為女人，我認為不能浪費每次約會，畢竟妳答應了約會，就要好好面對，是對自己負責也是對人家負責嘛。

和小宇約好一起吃晚餐，他應該四點鐘來接我，但他三點鐘就到了。我下樓，那時還沒有換好衣服，在他車裡，他拿出 ipad 讓我看——二十幾家餐廳資料，要我和他一起投票選出到底去哪裡好。

我真的要瘋了，我說我還要換衣服，你自己隨便選好了，我隨意。可是人家就是不知道選哪個好，從早上就開始選，發現每個都很不錯，所以過來徵詢妳的意見。我哪有時間和心情看那個，本來還打算敷個面膜呢，最後就隨便選了一個。他看了看又開始說，這個嘛，妳不知道，那邊路上發生過鬥毆事件，差點出人命……接著就是沒完沒了。

那就再選一家，可是他還有理由，說完之後又開始說，這樣看來，妳選的第一家其實比較好，但是……我看了看手機，二十分鐘過去了，我的天啊，難道你要讓我穿著睡衣，素顏跟你出門嗎？

眼看著時間流逝，我就說不如去那家吧，是我之前和琳達她們常去的一家，簡單跟小宇把店描述一下，他聽了點點頭，好吧，早知道妳有想好的店，幹麼還要他自己選？

呃……是的，我也不知道，好吧，算我犯賤，不該為你著想，也不能為你著想。現在我想到的是一隻長滿綠毛的烏龜，正在我耳邊喋喋不休，真想毫不留情地一腳踢飛。

吃過晚餐，我們去附近的電影院看了場無聊的電影。你知道的，如果跟別人約會，我們可能還有別的事情做，比如去逛逛夜市，或者乾脆把琳達拉出來去酒吧坐坐。但跟小宇，我可不想把琳達拉出來，不然又成了他倆的八卦時間了；也不想問他接下來要去哪裡，因為他又要想很久，乾脆一抬頭看前方是什麼就幹什麼吧，沒錯，是間電影院。

電影結束後，他送我回家。我準備上樓，他叫住我，朝我走過來，我站著等他說什麼，半天也沒說話。我可不想當路燈，繼續上樓，他又喊住我，說：「現在時間還早啊，妳上去做什麼呢？」

瘋了，還有這樣問的，要我說什麼？我回了句，「隨便待著唄，你到底想說什麼？」

小宇一副便祕狀，糾結半天後說：「我是想說時間不太晚，我上去待一會兒……但是不方便就算了……那個……」

拜託，你明說不就得了。上來坐坐或上去喝杯茶，我想讓你來就讓你來，不想讓你來，也會有理由不讓你上來，你自己糾結半天到底是怎樣？難道我會因為你糾結難耐就主動提出：「來我家玩吧？」絕不可能。

我沒有接話，笑了笑準備走人，這一整天被龜毛死了。就在我準備上樓時，他又開始支支吾吾了。我轉身，「走吧，上去喝杯東西，時間還早，我十點睡覺，你十點之前走就好。」

他明明應該雀躍一下，可我看到的卻是一張不喜不怒不驚的臉，拖著緩慢的步子朝我走來。怎麼了？不想來？真是的，要不快回去……但我忍住了，也不理他，前腳走，他就在後面跟著。到家後，我們聊了會他就走了，其實也沒什麼特別可聊的，平常沒有琳達在的時候，不大喜歡聊八卦，而等著小宇找新話題又太難。

龜毛男最大的特性就是自我糾結、猶豫不決。在我來看，他們是天生的自我糾結體，有事沒事先自己糾結，有什麼事之所以不能果斷地去做，都是因為他們還在心裡沒完沒了地自我鬥爭，不過鬥爭的雙方可不是天使和魔鬼，而是龜毛男假想出來的自己A和自己B。

打個比方，就拿大部分龜毛男面對美女無動於衷這件事來說，其實真的無動於衷嗎？當然不是，哪有那麼多柳夏惠坐懷不亂？只是他們又假想出來兩個自己，一個人在想應該主動搭訕，另一個則告訴他「敵不動我不動」。所以，大部分時間妳看他僵在原地，是因為兩方爭執不休沒有結果，這是個長時間辯證的過程。最後當龜毛男好不容易得出個結果，才發現美女早就被其他男人追走了。所以說，龜毛男並非真的無動於衷，只是在這之前需要辯證的事情太多。

想和龜毛男相處，首先妳自己就不能自我糾結，有選擇強迫症什麼的就免了吧，不然兩人糾結在一起，吃個晚飯都得考慮一兩天，早就餓死了。此外，雖然龜毛男本身很糾結，但他們並不喜歡和他們一樣糾結的女人。所謂物以類聚，用在這裡就不適合了，一般情況下，他們比較喜歡注重生活細節的人，這樣當他們左思右想、瞻前顧後時，注重細節的女人就可以幫助他們思考「左邊」和「右邊」到底該選哪一邊。

值得一提的是，即便龜毛男猶豫不決，妳也不能凡事都替他做好決定。對男人來說，這會讓他們覺得自己不被尊重，甚至讓他們越發缺乏做決定的能力。一般來說，一個女生若是習慣了男友幫她做決定還算常見，但一個男人若習慣讓女友凡事幫他做決定，就有點怪了。而且時間久了，作為女友的妳也會覺得厭煩，找男友有一半的目的就是希望找個依靠，凡事能夠多一個人幫妳解決。可此時呢，不但沒有人幫妳出謀劃策，反而反過來要妳幫他，妳肯定會抓狂地指著男友的鼻子說：「你能不能不要那麼龜毛，一點小事有什麼好糾結的啊！」

事實上，正確的做法是，在他們自我糾結時，放著不理就好了，沒什麼大不了的。當他們極度自我糾結時，也不要忙著幫他們做決定，因為人家不是沒決定好做不做，只是還在糾結怎麼做。如果單方面幫他做決定，說不定還吃力不討好，導致彼此不合。妳抱怨他，幫他忙還不領情；他也會抱怨妳，根本不懂到底是什麼事情。

那麼，這時候該怎麼做呢？如果妳問龜毛男要選什麼，他一定會覺得A或B都挺好，但當妳問他選A怎麼樣，他肯定會給妳一萬個B比較好的理由；但妳若讓他選B，他又有很多A比較好的理由。所以妳要做的，不是問他哪個好或哪個不好，而是告訴他妳會選什麼，理由為何，然後讓他自己做決定。

但妳要明白，即便妳說破了嘴，他還是會那副死樣子，這時妳可千萬別太認真，說什麼自己幫他想了法子，他卻不死不活也不給反應，其實他們已經在思考了，妳要做的就是拍拍他們的肩膀，說聲：你自己再好好想。然後就去忙妳自己的事吧。切記不要指著他說：「怎麼這麼龜毛！」龜毛男可不喜歡這個稱呼哦。

♥換一種角度看待他的「龜毛」

和小宇不算正式交往，沒牽過手，沒接過吻，但有個人陪伴也是不錯的。我未曾說過「我們進一步發展吧」，他也未曾要求過什麼，似乎也習慣了現狀。

有位哲人曾說過，一段感情若不前進也不後退，那不是說明彼此不冷不熱，就是說明兩人都太愛對方了，生怕任何一個動作都會破壞現狀。當然，我覺得我們屬於前者吧。

所以，很快地小宇做了一個驚人的決定，接受公司的委派去大洋彼岸。他發了封電子郵件問我要不要一起去。問題是，他發的那封郵件我一週後才看到。本來嘛，我回家很少查收郵件，再說，誰會想到兩個準備嘗試談戀愛的人，經常見面，有事不當面說還發郵件。從郵件的內容不難看出，他又在自我糾結了。問了我問題後，又在那邊自問自答。我沒有回覆他，而是直接電話打過去，告訴他剛剛才看到他的信，也說明我應該不會和他去，因為很多事情都沒發展到適當的時機點上。

小宇臨出發前，邀請我和琳達還有阿尤去他家裡玩。我事先準備禮物送給小宇，算是為他餞行。他這一去大概要一年多，也意味著我們的感情到此為止了。相處了兩三個月，多少也有些回憶，致使我們有些戀戀不捨的情緒。不過，我們比誰都清楚，這情緒不足以讓我們做出什麼改變。就像有人說過，天底下之所以有男女選擇保持曖昧的距離，不是因為缺乏責任感，而是因為他們知道，彼此心底那點小衝動和小好感，不足以讓他們開展一場轟轟烈烈的愛情。與其如此，還不如站在不遠不近的距離呢。

來到小宇家，因為此去時間不短，所有他就大方地讓我們盡量搜刮他家裡能用的小東西。尤其是他上個月採購了一批進口食品，如今才吃掉五分之一，剩下的都讓我們帶回去。琳達和我都愛吃，一聽到有好吃的，開心極了。小宇很講究生活品味，買的東西自然也不會差到哪裡去。我們不客氣地開始搜刮，正好緩解了我和小宇本來還有些悲傷的情緒。

我和琳達爭先恐後地來到冰箱前，滿心期許地打開冰箱，果真不少好東西，便你一件我一件地分著……有一個特別漂亮的瓶子，打開一看，裡面竟然裝著辣椒醬，琳達忍不住說了句：「天啊，要不要這麼龜毛，用名牌出的紀念瓶裝辣椒醬？」

各自裝了兩大袋後，看到阿尤在幫小宇打包行李裝箱，只見阿尤坐在行李箱上，小宇在一旁使勁地壓箱子。

琳達不急不徐地說，「小宇啊，你是想讓這箱子在出境之前就報廢嗎？」

小宇壓了半天也沒關上箱子，累得直接坐在一旁，不說話。

「到底是帶了什麼東西，裝這麼滿？」我也走上前看著陣勢說。

「早就叫他不要帶。妳不知道，妳們在那邊搜刮時，他在這邊跟搬家一樣，要不是因為安檢不過關，不然哪有妳們搜刮的份。」阿尤從箱子上下來說。

我打開箱子一看，愣住了，只見行李箱裡除了一些衣物外，還有兩個木碗、一套餐具、一雙拖鞋、兩個小夜燈……最神奇的是還帶了一副麻將。

哇塞，小宇，你真的很強，帶這麼多傢俬，難道美國沒有碗嗎？拖鞋不能去了再買嗎？還有那小夜燈……就是這些東西把箱子塞得這麼滿，我們叫他把這些沒用的東西拿出來。

不料小宇猶豫了半天後說，這個碗是在印度買的，有幫助消化的神奇作用；餐具呢，也是那種特殊木材做的，我怕到了那邊買不到；小夜燈陪伴了我三、四年，怕買新的光線我不習慣；至於麻將，到了那邊無聊怎麼辦？

我和琳達還有阿尤三個人恨不得把白眼翻到後腦杓去，天底下怎麼會有這麼龜毛的人？你只是去美國，又不是去南極，什麼沒有啊。再說你還帶麻將，那邊的人會玩嗎，就算會玩，到那邊再買就好了，唐人街都有，難道說，只有這副自己的麻將摸了才有手感？

這麼看來，龜毛男們還真是很「細緻」，有時細緻得讓人抓狂，比如小宇：擺在冰箱裡的辣椒醬，要倒入名牌的醬瓶，目的就是為了讓自己在打開冰箱時獲得一種美感；剛出門發現下雨了，折回來不光是為了拿傘，還要同時換一身和雨傘匹配的衣服；出差到飯店一定會帶著各種變電器，以免燒壞自己隨身的手機等小設備；拿著從印度買回來的木碗，吃飯前得先跟家裡的人聊上起碼半個鐘頭，訴說有關這碗的故事和來歷……

從女人慣有的角度來看，這種男人應該是不太受歡迎的。因為，比女人活得還講究的男人，會讓女人覺得自己過得很隨便。試問，哪個女人希望被證明自己過得隨便呢？從這一點來看，其實有點像孔雀男，但與孔雀男不同的是，龜毛男過得更瑣碎，他們對細節的追求，源於他們個性中瑣碎的天性，他們不驕傲也不自卑，不會像孔雀男那樣，到哪裡都想開屏。

但換個角度來說，龜毛男卻又優點多多。因為龜毛男的包包裡總是會帶一把漂亮的小傘，在任何時候下起雨，他們都不會讓自己或女朋友被淋到；外出旅遊，妳不必再擔心落下任何東西，他總是能夠幫妳打點好；他們習慣在自己寵物的項圈上掛一個精品訂製的名牌，說是設計感和品味的集大成……

他們關注細節，但不代表他們只活在細節之中。他們會把出現在妳家路上的擋路石頭，用一個晚上的時間變成一條很有格調的石頭小路；他們還會在女友需要靜靜做自己事情時，一個人去種睡蓮；還有就是，他們喜歡用各種擺飾美化自己的家。換言之，一般男人根本不會在乎的東西，他們都很看重。比如大部分男人都不在意玄關要放些什麼樣的植物好，擺些什麼東西彰顯品味……這些通常都是女人在意的事，但龜毛男們替妳想好了。當妳的姊妹們來家裡做客時，一定會驚喜連連，這時候妳能很溫柔地說，「都是他弄的啦」，也算是滿足了妳身為女人的虛榮心。這是龜毛男的另一面，按照龜毛男自己的話來說就是「一室之不治，何以天下國家為？我們都不是謀略家，不可能做出天大的事來，能做的就是從小處著眼」。所以，如果妳從另一個角度來看他們的龜毛，或許是不錯的優點，關鍵是妳如何調整視角和思路。

龜毛男也分很多種，有的有潔癖，有的很注重細節，有的很小氣。他們在生活方式、態度、舉止上的表現都不一樣。一般來講，很注重細節的龜毛男，多是自我管理和條理性很強的人，換言之就是自我糾結的程度也比較嚴重。不過無論如何，我認為每一種龜毛男的心理都隱藏著巨大的能量，只要我們引導得積極且正確，他們便能散發出光芒，就像塊璞玉，一切取決於琢磨它的人。總之，女人見到這樣的男人，先不要排斥，試著潛心挖掘他的優點，其中藏著很多寶。

♥龜毛男心目中的理想女人

時光荏苒，再次見到小宇時，已經是一年多後。他一回國就把我們約出來一起吃飯，他和琳達還是那樣，琳達聊著台灣分公司的小道消息，他跟琳達講美國總公司的事，看著他們聊得那麼開心，我和阿尤在一旁也笑著應和。

不過阿尤有時腦子會短路一下，她問小宇有沒有找到女朋友，小宇說沒有，阿尤就沒心沒肺地開玩笑說，是不是覺得小萌最好，找不到和小萌一樣好的，所以乾脆不戀愛了。

這話一出口，氣氛瞬間急凍。我狠狠瞪了一眼阿尤，她意識到自己說錯話，聳聳肩，表示她不是故意的，好在琳達及時化解了尷尬。

小宇笑著說：「小萌的確很好，但感覺她能和我像現在這樣當朋友，其實更難得。至於女朋友一直沒找，的確找不到合適的，總是覺得現在認識的女人，身上不是多了些什麼，就是少了些什麼！」

琳達開玩笑問：「是不是外國女人罩杯太大，你覺得多了些什麼？」

這話說完，我們都笑了，小宇故意點點頭，說琳達說到他內心裡去了。

晚上我們一起去了鋼琴酒吧，阿尤和琳達玩得很瘋，我和小宇坐在比較安靜的地方聊天。他突然問我，如果當時他沒走，我會不會選擇他？

我一時間不知怎麼回答，其實我知道自己一定不會，只是不知道該怎麼說出口。見我猶豫，小宇笑了，說：「其實妳的答案我早就知道，以前琳達跟我說過，或許我們的性格不合適，我這個人比較細碎，這一點我清楚，但去了美國之後，我想通了一點，妳和我之間性格不適合，只是個藉口，我其實沒走進過妳的生活。」

我聽著小宇的話，覺得這一年多來他成熟了很多，便問：「那現在呢？有沒有女人走進你的生活？」他說：「其實在美國這一年多，也遇過兩三個女生，但發現真的不是多一點就是少一點。我這個人談戀愛，考慮的事情特別多，在和一個人開始交往之初，我可能就會把後面的好多事情都先想清楚。雖然人們常說愛情靠的是感覺，但我總覺得，僅憑感覺的愛情無法長久，所以很多時候感覺有了，但多想一些後，發現彼此真的還是不適合，所以乾脆不要開始，以免兩敗俱傷。」

我聽著小宇的話，的確，他就是這樣的人，自我糾結的人，就算談戀愛也是如此，但對於我呢，我不禁想，也是他評估過後的決定嗎？

究竟龜毛男會喜歡什麼樣的女人呢？特別是比較極品的龜毛男，對生活各個方面都考慮得比較細緻的那種。

事實上，龜毛男並不特別注重女人的外在，不會像孔雀男那樣，認為女人若展現粗糙的一面是場災難。對龜毛男來說，生活細節的粗糙才是真正的災難。他們通常不會像孔雀男那樣要求妳改變，而是直接對妳敬而遠之。這麼說吧，龜毛男是那種無論下班再晚，只要超市還沒打烊就會進去買食材回家做飯的人，無論

多忙家裡始終保持著乾淨、有條理的狀態。所以，和他們在一起的女生，不一定要和他做到同樣程度，但絕不能在他去妳家時從沙發底下找到內衣，或在冰箱裡看到發霉的食物……那對他來說是致命的「攻擊」。

換言之，工作壓力大，生活忙碌，細節粗糙一點沒關係，但要讓他看到妳對生活的追求，細微的追求。比如，人家可能會在臥室裡裝一盞氣球檯燈，開燈時會像氣球一樣慢慢地鼓起，關燈時又會慢慢扁下去。他覺得把這樣的燈放在臥室特別有感覺，每次關燈時就象徵著一天正慢慢結束……看到了嗎，和龜毛男相處，妳也得有這樣的生活細節。可千萬別拿個夜市玩遊戲換來的、不值錢的破玩意來賣弄，人家要的是真正的品味，you know？

對龜毛男來說，大刺刺的女孩就像處在嬰兒階段，好多事情需要學習，比如如何精緻生活，而他們則是成年人，和大刺刺的女孩談戀愛，就得付出漫長的時間陪伴那些女孩們成長。

越來越多女人以「隨性而生」為座右銘，龜毛男對這樣的女人又如何呢？因為龜毛男會把生活安排得很細緻，所以隨性女對龜毛男來說，就像夏天的裸奔，完全能理解，也絕對能接受，但要真正讓他們喜歡上就不容易了。因為龜毛男很清楚，如果和這樣的女人親密相處，最後要麼她改變我，要麼我改變她，要麼就各奔東西。要龜毛男完全為一個人改變其實不大可能，由此可見，太過隨性的女人也不適合龜毛男，甚至令他們敬而遠之。

如果妳想成為龜毛男的女人，意味著妳要做出更多的改變和適應。要適應他們點菜時來來回回地翻看菜單，但即便已經看了好幾遍，還是沒點菜；購衣過程中，樣品不要、有線頭的不要、吊牌有明顯折痕的不要……因為對龜毛男來說，很多人眼中的找碴行為，其實是對生活負責的表現。他們認為選餐廳選很久，是為了找到一個最適合的地方用餐，最好能夠集美味和環境優雅於一體，但別人推薦的他又不會直接定奪。

甚至有的龜毛男將自己定義成榴槤，喜歡它的人愛不釋手，不喜歡它的人難以接受。他們認為自己就是這樣，不在乎不接受的人，因為他們覺得自己天生就該這樣生活，如果妳看不過去，那只能說明妳還沒有到達他那個生活層次。所以，他們心裡的女人絕對得是一個精緻的女人。換言之，如果一個女人能被龜毛男看重，那也就從說明妳在生活上是個優質女了。

4 Chapter

媽咪 boy
和
三個人的戀愛生活

媽咪 Boy 永遠告別不了「我媽說」

「媽寶」（媽咪 Boy）一旦戀愛會對妳表現得很體貼、很黏人。只要不涉及到他媽媽，妳會覺得他是個不錯的選擇，可是一旦涉及到他媽媽，美好瞬間破碎。「媽寶」最大的問題就是，老媽和女友傻傻分不清楚。面對老媽的態度有時像對女友那般，可跟自己女友在一起時，又希望對方能像老媽一樣對待自己。

❤ 愛他就得愛他的媽

和徐彬約會讓我感覺回到了高中時代。為什麼這麼說呢？跟他在一起，約會從來不能超過晚上九點，有時要是碰上有事加班，一起吃頓晚飯就跟打仗似的，妳肯定想知道為什麼，因為媽媽規定他晚上九點半前必須回家。回家後，媽媽準備了美味的煲湯，所以絕不能讓媽媽的辛苦白費，乍看之下徐彬似乎是個孝順的孩子，但其實是個十足的「媽咪 boy」，也就是所謂的「媽寶」。他的孝順來自對媽咪的逆來順受，或者說過分依賴。

那天晚上我和阿彬約好晚上一起看電影，六點四十五那一場，時間很趕。結果他到電影院時已經七點半了，我很生氣，但仍壓抑怒火，以為他可能是加班晚了，沒想到他遲到的理由是因為他媽媽想吃某家的甜品，而且馬上就得吃，自己又不想出來買。我一聽就爆氣了，為什麼你媽不能自己去買？我不是不懂要孝順父母，可是你媽明明知道你今天晚上要和我看電影，為什麼非得在這時候要你去買甜品？

阿彬倒是一副沒事人的樣子說，「她在煲湯嘛，走不開。哎呀，別生氣了，電影還沒結束，要去看嗎？」

看什麼看啊，跟人家趕散場？不去了。我生氣地轉身就走。

阿彬拉住我，說要帶我去吃飯。我一看時間，去了餐廳點完菜就八點多了，我可不想再狼吞虎嚥地吃飯，便轉身說，「算了，你趕快回家吧，我腸胃脆弱，為了讓你準時回家而趕著吃飯，我怕會提前死掉。」

阿彬知道我生氣了，趕忙解釋，最後他決定帶我一起回家吃飯。我想了想，既然知錯了，也就不必糾纏，去就去吧，正好見見這位兒子都二十八、九了，還像對國中生一樣對待他的媽媽。

阿彬打了電話給媽媽，話筒音量很大，對方的聲音也能聽到一些，一聽到阿彬說晚上回家吃飯，對方聲音歡快愉悅，但聽到要帶我一起回去，明顯語氣就變了，具體內容沒聽太清楚，大概是什麼菜準備得不夠多，阿彬說那就把他的那份給我好了……

到了阿彬家，我都坐在沙發上了，也沒見到他媽媽的人。我問要不要幫忙，阿彬揮手說不用，然後走進廚房，兩個人在裡面聊天，把我這個女友晾在客廳，十分尷尬無聊。大約半個小時後，飯菜上桌了，阿彬的母親這才和我打個招呼，一起吃飯。

餐桌上，阿彬的媽媽不停地要他多吃點，還不時地說今天沒準備多餘的飯菜，那意思再明白不過了，就是我這個外人少吃點吧。我覺得沒意思，吃兩口就說飽了。她媽媽見我說不吃了，又突然說：「呀，你看我的記性，還做了一份牛柳忘了端出來了，真是的，等小萌都吃完了我才想起來。」話說阿彬的媽媽把牛肉端上桌後，兩人大快朵頤起來，我坐在一旁真是恨不得給她幾個大白眼。

飯後我們坐在客廳看電視，他媽媽又開始了，說阿彬買回來的甜品她特別喜歡，跟我說阿彬特別孝順，她說什麼就是什麼，還問我沒耽誤看電影吧？我笑了笑，心想：您少裝蒜了，明明故意卡著那時間還問我有沒有耽誤，嘴上說沒有，心裡其實超得意的吧。我勉強敷衍說些場面話，她嘴角微微上揚，一副智鬥小三勝利的樣子。

這一刻我恍然大悟，搞半天，原來是要給我下馬威呢！

現在「媽寶」的陣營越來越強大了，其中某些極品媽寶真的叫人很反感，對他們來說，老婆跟老媽其實是一樣的，妳說能怎麼辦呢？

一般來說，媽寶有以下幾個共同點，一起來看看吧！

每個月的薪水一定會交到自己媽媽手裡。他們說這是為了盡孝，但一定與那些真正的孝順男不同。

無比在乎老媽的感受，甚至到了不能在老媽面前打電話給女友的程度，因為媽媽會吃醋，或者會在旁邊嘮叨，兇神惡煞道：「講一講趕快掛了啦，不知道講電話也要錢啊。」

跟女朋友出去，玩得晚了點，大概九、十點左右，媽媽就會奪命連環CALL。只見媽媽電話裡溫柔地說：快點回來睡覺，明天還要上班呢！其實那個惡婆娘在家急得咬牙切齒「是哪個狐狸精把我兒子勾得不知回家啊？」簡直比勾引她老公還讓她憤怒！

非常摳門，因為媽寶大部分都把薪水交給媽媽，然後領媽媽給的零用花，而他媽媽會把兒子一個月該花什麼錢都計算好，絕不允許兒子在女友身上多花一毛錢。

媽寶最大的一個問題就是，婚後他們通常選擇和父母同住，尤其還有一點，大部分的媽寶都是單親家庭，這意味著，從此以後妳將和他媽媽一起分享他，若妳不願意就大義凜然分手吧。反正媽寶從來都以自己的老媽為第一位。而且他們總覺得自己有魅力、有本事，找個女人結婚是很容易的。

媽寶的媽媽通常都不好惹，在她們眼裡，兒子是那麼的完美優秀，所以選擇女友時也會非常苛刻，背景不好的不行，工作不好的不行，長得不好也不行……但其實她兒子也是出身一般家庭，有著一般工作，長相平平的一般青年而已。

媽寶雖然有很多缺點，但他們一旦戀愛又會對妳表現得很體貼、很黏人，只要不涉及到他媽媽，妳會覺得他是個不錯的選擇，可是一旦涉及到他媽媽，美好瞬間破滅。

總的來說，面對媽寶時，盡量酌情選擇，這個酌情其實完全取決於他媽媽是怎樣的人，如果還算可以接受，那就ＯＫ。如果是個百般挑剔、沒事找事的人，那你們一定不能生活在一起。如果妳男友擺明了婚後要跟媽媽一起住，我勸妳還是分手吧，不然下半輩子有妳受的。因為對他媽媽來說，妳就是搶走她「寶貝」的壞女人，看到《甄嬛傳》裡那些女人的勾心鬥角嗎？到時候都會發生在妳身上的。

♥ 自甘成為他生命中第二重要的人

週六和阿彬約好跟朋友們一起露營，因為阿彬不能在外過夜，所以我們打算早點集合，早點結束。

到了營地後，男生們去準備烤肉器具，女生們則坐在一起八卦，聊得正高興時，阿彬突然跑過來說：「小萌，不好意思，我得先走了。」

不用想，肯定又是他媽媽那邊有事。果真，他媽媽說什麼摔了一下，要阿彬趕緊回去，換做以前我一定也很著急，不過憑藉我對阿彬媽媽這段時間的瞭解，我知道，這個女人又想要開戰了。

阿彬離開後，琳達問怎麼了，我把事情告訴她。她說這場戰役我絕不能認輸，一定要戰鬥到底，現在那個老女人總是以各種機會找碴，目的就是為了讓妳知道，無論什麼情況，妳永遠是阿彬心裡第二順位的女人。既然如此，不如順水推舟，乾脆讓那老女人當阿彬生命中第一的女人，看她還有什麼把戲，讓她摸不著頭緒後，再給她來個回馬槍。

我覺得這辦法不錯，馬上可執行，於是立即打電話給阿彬，說要跟他一起走。他開車回來接我，他心急如焚，我心裡倒是非常清楚，因為一個人要是病了，才不會每隔五分鐘就打電話呢。我來個大姨媽都痛得都不想說話，這位太太剛剛才在電話裡說自己快不行了，此時竟然有力氣在半個小時內打了不下六通電話。

到街角時我要阿彬停一下，他著急地問怎麼了，我說你媽媽不是喜歡吃甜品嗎，正好買一份帶走。他覺得應該先回去看看什麼情況，我則向他保證絕對沒問題，當時他還有些不高興。但是誰在乎，你媽媽先出的招，我只能見招拆招。

不出所料，他媽媽沒想到我也一起回去，我們進去時，她老人家正蹺著腿看電視呢。看到我們一起出現，又馬上裝病說摔了一下，腰疼，問我們怎麼一起回來了？我沒等阿彬說話，就趕忙說：「當然了，有什麼比您重要啊，什麼露營都推掉了，阿彬的媽媽最重要。您看，這是路上給您帶的甜品，阿彬說您喜歡吃。」

他媽媽面帶笑容又有些尷尬地接過甜品，很勉強地對阿彬說，「小萌真是個孝順的好孩子啊。」

yes，不管以後怎麼樣，反正那次我是爽爆了。

和媽寶相處得切記一點，就算妳對他媽媽心生厭煩，也絕不能正面和他媽媽衝突，更不要在媽寶前面說他媽媽壞話，那是非常致命的。要知道，他每天回家，他媽媽都會在他耳邊叨念起碼十遍以上妳的不好。但他還頂得住，因為他愛妳，因為妳沒有給他壓力。一旦妳也開始念他時，他很快就會頂不住而壓力爆發，不過千萬不要心存僥倖，因為他百分百會站在他媽媽那邊，到時候受罪的肯定是妳。

因此，妳要做的就是跟他媽媽玩一場心理戰。表面上讓男友知道，妳對他媽媽沒有任何不滿，這樣當他媽媽說妳壞話時，他還能想起妳的好，想到妳的善良和體諒。另一方面，他媽媽發現念兒子沒用，勢必會採取各種手段，比如破壞妳的約會，找各種機會從中作梗，不外乎就是她要兒子馬上回家，幫她處理什麼事情，或是自己哪裡不舒服之類的……這樣妳就有機會扳倒這個擋在你們愛情中間的女人。妳可以代替男友去，這樣本想在男友面前給妳下馬威的她，就會瞬間敗下陣來。但是切記，她肯定會在此時找各種機會和理由損妳、找妳麻煩，如果妳這時挺不住，之前的努力就都白費了。總之，這時要把自己變得刀槍不入，無論他媽媽怎麼刁難，硬是不退不進，用不了多久他媽媽就累了。

接下來，妳要捧著他媽媽，讓她知道妳甘願做她兒子心中的第二。這樣她就會放鬆警惕，妳才有可乘之機，爭取到和男友獨處的機會。切記，妳所做的一切都只有一個目的，就是和妳男友獨處、並且讓男友改變原本的想法，如果你們能夠結婚，千萬不要跟他媽同住，並且讓他媽媽不再有事沒事找妳麻煩，能做到這樣，這場戰役妳就算贏了。不過贏了之後，表面功夫該裝的還是要裝的，媽寶的老婆可不好當哦。

絕對不能動不動就對男友發脾氣，質問你媽怎麼老是這樣那樣。如此一來，他媽媽回家往火上一澆油，妳的感情也就燒完了，而且人家還埋怨妳不懂事、任性……冤不冤枉？

♥ 任何時候都讓他媽媽覺得妳不是「威脅」

自那件事情之後，我開始逐漸減少和阿彬週六日約會的次數。我告訴他，不希望他媽媽為此感到寂寞或孤獨，因為每次只要我們週六日有約會，她那邊就有事，百分之九十都是因為阿彬不在身邊。既然如此，身為女友的我也要和你一起愛你媽媽，所以我們週六日就盡量不要約會，我如果沒事就去你家找你。

可是我也知道一個關鍵問題，一般情況，週六日阿彬和我都是白天出去逛逛，下午來我家，至於做什麼，當然就是每對熱戀的情侶都會做的事。現在取消週六日的約會，明擺著告訴阿彬，我們這段時間先禁慾吧，至於為什麼呢？當然是因為要在乎你媽媽的感受嘍。

這樣的日子持續了僅僅一週，阿彬就主動提出來要來找我，可是我依然拒絕，不過那天我買了他媽媽愛吃的東西去了他家，一直幫他媽媽的忙。

臨走時阿彬說要送，還跟他媽媽說晚上不回來吃晚飯，我知道阿彬為了什麼。還沒等我開口，他媽媽就說話了，「不是說今天不出去嗎？晚飯都做好了，你不回來吃飯，媽媽一個人吃飯多無聊，那我也不吃了。」我見狀趕忙說，「就是啊，阿彬，伯母都做好飯了，再說這大白天也沒必要送我，你留在家裡好好陪媽媽，反正休假嘛。」說完我笑笑就走了，阿彬不捨地拉了下我的手。我心裡想，「媽寶」你就留在家裡吧，下午呢，你可以關在房門裡看A片，就怕你感覺才剛上來，你媽就敲門問你，「阿彬啊，怎麼把自己關在房間裡，快出來陪媽媽看電視……」

這樣的事情持續一個多月，中間我去了阿彬家裡兩次，發現他媽媽對我的態度比以前要好很多，他媽媽一定是以為我是個識趣的女人，不會跟她爭兒子，我倒覺得順水推舟挺不錯的。

不過阿彬倒是沒堅持太久，一個週六他直接來我家找我，出門前還和他媽媽吵了一架，大概他終於意識到自己不能再按照媽媽的想法生活了。

但我隨即又把他帶回他家，要他跟媽媽道歉。我想讓這個女人以為，我永遠甘願做他兒子心中的第二位，而把第一位留給她。我做得越通情達理，她就越得意，而她兒子也會越憋。終於有一天，阿彬決定搬出來和我一起住，大功告成。

和媽寶交往，其實兩人你儂我儂的時間並不多，大部分時間都在和他媽咪鬥智鬥勇。

他媽媽之所以對妳百般刁難，只有一個原因，就是她寶貝兒子陪她的時間越來越少，以前週六日還會陪她吃早餐看電視，一起吃中飯。可現在呢？自從妳這女人出現後，兒子大清早就出門，夜深了才回家，回家後還要給妳打個電話，她看著就生氣。這種感覺就好像妳見到男友外遇一樣，當然這不是妳的錯，完全是他媽媽心態的問題。

可是沒辦法，正如調查顯示，有超過百分之七十的媽寶來自單親家庭。人家媽媽含辛茹苦把兒子拉拔大，也沒想過再找個老公，小時兒子是她的心肝寶貝，大了就把兒子當老公一樣依靠，自然不允許有別的女人和自己爭搶，說到底還是女人天生的敏感和嫉妒在作祟。

女人一旦嫉妒起來威力有多大，絕對堪比《甄嬛傳》。為了不要引火焚身，妳一定要在他媽媽面前盡量裝個乖孩子。告訴他媽媽，妳絕對不會和她搶兒子。相反地，還要不斷把她兒子往她身邊推，讓她以為妳知難而退，所謂戰術就是如此，當她掉以輕心時，就是妳發動攻擊時。

對於一個正常的男人來說，他怎麼能忍受每個週末都和自己媽媽坐在家裡看偶像劇呢？那是絕對不可能的。就算媽寶從小被教育得很好，不去夜店不鬼混，可一旦他找到了心儀的女孩，想必也會希望能和她一起度過週末吧。此時妳完全可以從關心他媽媽的角度出發，讓他盡量留下來陪媽媽。而平常呢，媽寶大都有門禁，自然也沒有那麼多時間可以你儂我儂，時間久了，媽寶就會自己做出決定。

但切記，這並不是長久之計，因為他媽媽早晚也會察覺，總之，從妳選擇和「媽寶」在一起那天開始，妳就得清楚和他媽媽之間那無聲而激烈的戰爭，「不是妳死就是她亡」。

♥ 別做他生命中第二個「媽咪」

阿彬來我這住已經一個多月了，他媽媽這段時間態度算是比較緩和了，但我還是能聞到煙硝味……

果真，某個週日早上，我們還在睡夢中時，他媽媽來了。到了之後就埋怨我們生活作息不規律，接著就開始打掃環境，見他兒子準備去洗衣服，趕緊攔截，隨即一頓感慨。想當初兒子住在家裡時，過的可是茶來伸手飯來張口的大少爺生活，現在竟然要自己洗衣服，還要收拾屋子……

看他媽媽的樣子，眼淚都快掉下來了，我真是快瘋了，也太會演了吧。怎麼？難道我不是人生父母養的，和妳兒子在一起就什麼都得做，把他當神一樣供著？真想問她，阿姨妳是不是又病了，要不要去看精神科？

我知道他媽媽是想來感化她兒子。中午在我家做了頓飯，大家一起吃了飯後，她就說要先走，不想打擾我們。本來和阿彬約好要出門的，但看了那齣母子離別的戲碼，我也沒興致了，就叫阿彬開車送媽媽回去。

晚上阿彬回來，我正坐在沙發上看《康熙來了》。他問我晚飯吃什麼，我說不知道，想吃什麼自己做吧。另外把上午你媽幫你洗的衣服晾了吧，還在洗衣機裡呢。

他好像很累似地癱在沙發上，看著我說：「我覺得還是跟我媽住一起好，什麼都打理好了，每天做這些好累啊。妳看我媽什麼事情都幫我打理好，妳要是跟我媽一樣就好了……」

我知道他要說什麼，還沒等他說完我就說：「ＯＫ，想吃什麼我去幫你做，衣服我也幫你晾好嗎？」

他以為他的話起了作用，就開始自顧點起菜來，我則努力壓抑著自己的怒火。

晚上睡覺前，阿彬想要親熱，我立刻回絕了他，他很納悶。我告訴他，「你不是希望我做到像你媽一樣嗎？OK啊，我做到了，但你現在要和我親熱，怎麼可能？你難道會和你媽親熱嗎？亂倫啊，絕對不行！」

阿彬一聽愣住了，苦笑著說：「那妳還是當我女朋友吧。」我轉過身面對他說，「你考慮清楚，老媽和女友的角色只能二選一。」

還沒等阿彬再說些什麼，我便丟給他一句：「晚安，乖兒子……」

「媽寶」最大的問題就是，老媽和女友傻傻分不清楚。面對老媽的態度有時像對女友那般，可跟自己女友在一起時，又希望對方能像老媽一樣對自己。Oh my god！腦子有病啊，世界上哪有這樣的事，那不就真的亂倫了。

和媽寶相處切記一點，寧願不要他，也不要不知不覺成了他

「媽媽」，到那時妳可真就水深火熱了。妳必須讓他知道，女友和老媽是不一樣的，前述的方法，妳倒是可以借鑑試一試，但效果因人而異，就算起了效果，管用的時間多長也不能保證。

其實像阿彬這樣的男人真的很多，他們長期生活在媽媽溫柔的縱容當中，從小到大，就是茶來伸手飯來張口的大少爺。有了女友或老婆之後，分擔小小的家務便叫苦連天，認為老婆不夠賢慧，為什麼不像自己的媽媽一樣，把自己照顧得無微不至？

以前什麼也不用做就有吃有喝，現在卻要買蔥買蒜，難道結了婚就得做這做那？這就是男人的自私了，他們也不想想，女人未嫁給他時，在家裡也是有吃有喝的，什麼事也不用做。

為什麼男人不能像女人的媽媽一樣，寵著女人，讓女人繼續當公主？而是要求女人從老婆變老媽，身兼兩職照顧男人的生活，還要滿足男人的情感？

每個人都只有一個媽媽，天底下也沒有任何的愛能與母愛相比，可是為什麼男人明知媽媽只有一個，又希望老婆像媽媽一樣？要求妳應該像我媽一樣，把家收拾乾淨；妳應該像我媽一樣，煮我最愛吃的魚；妳應該像我媽一樣，用手洗襯衫……諸如此類的嘮叨，讓女人不禁想問，「你到底是娶老婆還是找老媽？」兩個人共組家庭，就得有人去做那些沒完沒了的家務，而女人願意為所愛的男人洗衣做飯，但絕對不想當男人的媽。

無論女人做什麼都是因為愛，男人也必須清楚，這種愛和媽媽的愛完全不同。可媽寶已經習慣了從媽媽那裡索取愛，再加上他們的媽媽多半都想抓住兒子，不願被別人搶走，自然更溺愛，使得媽寶多半養成依賴且自私的個性。

綜上所述，如果妳的媽寶可以為了妳而改變，或者妳認為他還有可培養、變成熟的餘地，那就盡可能用愛去感化。比如相處一段時間後，他開始漸漸改變了原本過於依賴媽媽的態度，那說明他還有救；但如果他不但沒有擺脫依賴，還要求妳像他媽媽一樣對待他，那就讓這不成熟的男人趕緊回到他媽媽的懷裡吧。

5 Chapter

黏膩男

和

萬能膠水般的感情

黏膩男恨不得
跟妳當「連體嬰」

妳為什麼不回我的簡訊？
……
妳為什麼不接我的電話？
……
妳怎麼不回答我的問題？
……
親愛的，
我們五分鐘前剛說完
“再見”。
……

黏膩男，顧名思義，又黏又膩。最常見的特徵就是，每當妳下班就能接到他的電話，其實明明你們中午才見過；或者妳這邊在上廁所，他也得跟進來，側依著門，細聲地對妳說，妳都不知道妳對我來說有多麼重要。這樣的男人一般輕易不戀愛，一旦戀愛，感情就是他們生活的全部。沒錯，這就是男人中極少的那一類，把感情當飯吃的人。

♥黏膩男的二十四小時「盯梢」追愛法

「親愛的，那句台詞也是我想對妳說的。」無論看什麼電影，只要電影中有一句表達愛意的對白，小伸就一定會對我說一遍這句話。

話說女人自然都喜歡男人對我愛不完，可和小伸交往之後，我才明白SHE那首《半糖主義》的含義，不僅針對男人，也適用於對女人。

如果有個人成天黏在妳身邊，沒完沒了地說愛妳，久了也會煩的。

在小伸家看完電影離開，去拜訪客戶的路上，已經接到了他的兩通電話、三封簡訊，現在又發來一封，實在懶得回，不是我不愛他，而是沒完沒了地說愛，的確會噁心。

要見的客戶非常重要，是一個廣告商，約在咖啡館見面，結果我倆還沒聊兩句，電話又來了，接聽後簡單告訴他我在哪裡談公事就掛掉了。過沒半個小時，他已經出現在我對面的餐桌，我頓時無奈了。

談完事情後，他馬上坐過來，說太想我了，所以就來找我了。呃，好吧，說實話，戀愛這麼多次，頭一次有男人像個初戀的小女生一樣對待我，還真有點不適應。

吃了點東西回到他家，他說要送我一個禮物，打開一看，居然是一個對講機，頓時又傻了。我們其實在一棟大樓裡上班，所以他想乾脆拿個對講機來聯繫。我問他不是有手機嗎？他說手機有時會忙線啊。我要瘋了，非得忙線時打嗎？再說我又不是天天忙線，而且若我手機忙線中，我也沒法跟你對講啊。

但他可不管那麼多，就是要對講嘛，不然人家想妳時怎麼辦？

我只想問，如果兩個人可以二十四小時黏在一起，他是否也會毫不猶豫地把我們黏在一起？天啊！

好吧，黏就黏吧，我有時也自我反省，人是不是一過二十五歲EQ指數迅速下降，以至於我提早老化了，竟然無法接受一個男人這麼純粹的愛。

於是乎，自從有了對講機，每日午餐、下午茶都成了對講時間。如果這個時間段妳沒有依約和他對講，等著看吧，下午他一定會至少打兩通電話來詢問妳原因。

下班後他一定等在樓下，如果遇到他加班，妳也一定要等他一起走。有一次我大姨媽來，肚子疼得要死，正巧他加班，我想自己先回家，他不同意，非要我等他。我不懂，兩個人有必要天天黏在一起嗎？你說說看啊，上街他也要跟，跟朋友吃飯也要跟，就像個跟屁蟲，有時真覺得他少了點男子氣概，整天娘裡娘氣地黏著妳，對妳的感情絕對是飽和的，只是這就好比吃東西，一直吃同樣的東西吃到撐，誰受得了。

黏膩男，顧名思義，又黏又膩。最常見的特徵就是，每當妳下班就能接到他的電話，什麼事也沒有，就是想妳了給妳打個電話，其實明明你們中午才見過；或者妳這邊在上廁所，他也得跟進來，側依著門，細聲地對妳說，妳都不知道妳對我來說有多麼重要。

這樣的男人一般輕易不戀愛，一旦戀愛，感情就是他們生活的全部。沒錯，這就是男人中極少的那一類，把感情當飯吃的人。他們戀愛後的行為非常像女人，因為黏人多半都是女人戀愛後的狀態。所以不少女人不太能接受這樣的男友，一來覺得自己的工作被別人搶走了，二來是覺得這樣的男人有點太娘，少了點男人的擔當。

但其實，人家黏歸黏，男子氣概一點也沒少，這一點可能是女人太強求。一方面希望找個溫柔體貼的男人，另一方面還得要求男人獨立堅強，不知道妳怎麼想，反正我認為這本來就是有些衝突的。當然我也不能說別人，因為我也這樣想過，對於小伸，我大部分時間都處在無奈之中。

說到底，黏膩男到底值不值得愛，其實真的見仁見智，我對黏膩男持中立的態度。

一般來講，找個黏膩男當男友有一點可以放心，那就是再也不必擔心男友出去鬼混，因為他二十四小時跟在妳身後。相反地，妳再也不必盯梢男友在幹什麼，因為無論何時妳去查，妳得到的結論都是他在「盯梢」妳。簡單來說，妳就是他生活的全部。

所以，如果是極度需要安全感和愛的女生，黏膩男絕對是不錯的對象。你們終於可以相互依賴，而且這次再也不會出現像妳前男友說的「妳能不能獨立點，別總依賴我」這樣的局面了。因為對黏膩男來說，他人生中最大的幸福，就是得到一個女人百分之兩百的依賴，因為他知道依賴都是相互的，從此以後，他也可以依賴妳了。

有人說，黏膩男和幼齒男在某些地方是有些相似的。他們對愛的需求都非常強烈，都有點像小孩子，需要人給予溫暖和愛。但黏膩男和幼齒男也有所不同，黏膩男只是追求黏人，心智上總體來說是比較成熟的。

但不建議獨立自主的女人找這樣的男友，如果妳對這樣的男人很感興趣，希望妳在看完這篇文章之後好好衡量，他的狀態很難因為妳而改變。相反地，妳要明確了解自己是否能給他足夠的陪伴。因為一旦妳無法給予，他就會抓狂。這時他要不像個受傷的小動物，要不變成一個齜牙咧嘴的小野獸，總之搞得妳生活不得安寧。

總結一下，黏膩男就像寵物狗一樣，一回家就要投進主人的懷抱，甚至希望能時時刻刻地陪伴。如果妳是貓一樣的女人，那就不要嘗試這狗一樣的男人了，因為你們注定合不來。

他的黏膩和妳的私人空間

和小伸在一起之後，我盡量減少和琳達的聚會次數，因為不想每次都帶他出席，但若不帶他，又會一直打電話給妳，感覺很煩。

小伸有事沒事就來公司櫃檯找我，搞得我都不想去上班。現在我已經因為他在公司裡大大出名了，誰見到我都要開玩笑，說：「妳男友好愛妳哦，一下子見不到妳都不行。」

真是要瘋了，以前一來公司就會上臉書，偶爾還和琳達她們聊聊。現在呢，一打開臉書全是他發的訊息，一大堆的話，若是回覆慢了點，LINE 就傳過來了，若是已讀不回，過不了多久電話也就追來了。

仔細想一想，好像一場噩夢。

回到家，他還會拖著妳一起看電視聊天。明明白天已經聊了那麼多了，晚上我真的只想安靜一下，或者逛逛網頁。但只要我一那麼做，小伸馬上就湊過來。他跟我說話，我懶得回答，他就會不滿。有時我覺得有必要和他聊聊這件事，但是我話還沒說完，他就一大堆的不滿，抱怨我一點都不在乎他。

好吧，那我到底該怎麼辦呢？有時真的不想接電話、回簡訊。我對小伸說，因為你對我來說是最親近的人，所以我不想接就不接了，不必想任何理由，這其實說明了你對我的重要性，但很顯然他聽不懂或不能理解。

這天和琳達她們約好了出去玩。我還在梳妝時，小伸就在我身旁走過來走過去，說他也要去。我跟他說他去不合適，畢竟都是女生，而且大家說好不帶男友。但小伸執意要求。以前，只要他執意要求，我最終都會同意，但這次我打定主意，絕對不行。他也提出質疑，為什麼這次不能帶他出席？我感到納悶，為什麼他一定非要跟呢？是不相信我嗎？小伸自己也不清楚，或許他就是覺得自己應該去吧，這是後來我們分手後，有一次聊天時我問他，他自己說的。

我們吵了起來，我懶得多做解釋，準備換了衣服就走。他一邊道歉，一邊可憐兮兮地過來問我，要我告訴他在哪裡聚會，這樣晚上他好去接我。我知道他打什麼算盤，已經不止一次了，告訴他地點後，馬上就跟過來了，讓我非常尷尬。這次我決定不告訴他，而且我的確是去參加琳達、阿尤的姊妹聚會，都不帶男友，大家在一起聊聊天，彼此抱怨一下感情上的事。

小伸見我心意已決，頓時擺出一張大臭臉，各種不滿寫在臉上。我一邊換著衣服，他一邊問個沒完，為什麼不能說，怎麼他不能知道？

我一直忍著，不想吵架，但實在沒忍住。我把衣服往床上一丟，告訴他，沒有為什麼，只是每個人都想要有自己的私人空間。現在你天天的奪命連環 CALL、無數封簡訊已經讓我很崩潰了，我們每天都見面，幹麼還要隨時聯繫，不覺得煩嗎？

小伸聽了我的話，一臉無辜與失落，什麼話也沒說，轉身去了臥室。我頓時也沒聚會的心情了，隨便換件衣服就出門了。

剛開車出了社區地下停車場，就收到小伸發來的簡訊，一大段，開車時真的不方便看，想著先到了目的地再看吧。誰知道才開出去一會兒，電話就過來了，問我怎麼不回簡訊，是不是真的不在乎他，是不是他不重要之類的。原本我還覺得自己有些愧疚，瞬間火又上來了，人在氣頭上，於是直接告訴他，「對，你說的沒錯，就是。」掛了。

想和黏膩男交往，得有一顆寬宏大量的心。為什麼這麼說呢？因為他們有時真的很讓人抓狂，總是會圍繞著一些根本沒有必要糾結的問題問個不停。但是這時候，依我個人的經驗，若不回答還是不行的，因為他們會順理成章地直接認定妳不愛他，不在乎他。

因為黏膩男對愛的需求非常大，和黏膩男相處時，女人常常會有一種身分錯亂的感覺，是感覺男友像個小女孩，而自己則成了一個不解風情的臭男人。只見男友不時過來撒嬌，要妳抱抱他、親親他，而妳卻總是一臉不耐煩，就算這邊抱著他，那邊也是一臉死人相，不滿寫一臉。

沒辦法，這就是黏膩男啊，如果選擇了讓人又愛又恨的黏膩男，妳愛的是他們對妳的好與關心，恨的是他想把妳變成連體嬰。

可你們不是連體嬰啊，是兩個獨立的個體。在認識彼此之前都有著各自的生活圈和屬於自己的私人空間。本來嘛，愛情歸愛情，想長久交往就得明白，有些東西是不能因為愛情而改變的，私人空間就是最重要的一環。

若兩個人一戀愛就把兩個空間變成一個，一來是不切實際，二來那絕對無法長久的。試想，另一半和妳天天都做一樣的事，形同複製人，那有什麼意思？大概沒多久，看到彼此就會有種想「吐」的感覺吧。沒了新鮮感的愛情只能枯萎，而新鮮感就存在於彼此的私人空間中。

不過，黏膩男不懂這樣的道理，他們就是想要一個能二十四小時都和自己在一起的女人。有些男人在戀愛時常說——親愛的，如果可能，真希望我倆生活在一座孤島上，妳只有我，我只有妳。但是妳放心，如果哪天真的實現了，妳一定要死要活的。可是黏膩男不一樣，若你們真的生活在孤島上，他一定開心死了，因為妳終於完全屬於他一個人的了。

話說回來，現實社會畢竟不是只有兩個人生活的孤島。我們都有各自要做的事，各自的朋友圈，各自的空間，這一點一定要讓黏膩男瞭解。

因此，如果妳的男友恰好是這種黏膩男，切記，無論他如何黏妳，都要守住自己最後的私人空間。不是不愛他，相反地，這其實才是愛的表現。妳必須讓他知道，我們可以有交集，但如果兩人的人生完全重疊，那就會失去互補的意義。

與此同時，再黏人的男人也還是男人，他們骨子裡都還有渴望追求的念頭。因此，妳要把握好這種距離，保留一些讓他追求妳的動力，如果他一黏妳，兩人就完全貼在一起，不久之後他就會開始覺得感情索然無味，雖然不會背棄妳，但感情會少了很多浪漫。

引領他開拓自己的生活圈

為了小伸不給我私人空間的事情，我們不知吵了多少次架。每一次他都答應妳會好好的，可是事情一過，他還是原來的樣子。我知道在我無奈抱怨時，不少女人覺得我撿到寶了。一個男人只有在乎妳才會這麼做啊，這道理誰都知道，可若真的發生在妳們身上，絕對不會有羨慕的想法。我實在不明白，小伸怎麼有那麼多的精力放在我身上呢？

這天和小伸又吵了起來，因為昨天他打電話我沒接。我不知道一次沒接電話他就會死還是怎樣，再說我正在忙沒辦法接，之後又不小心忘了回，這種事也值得一大早起來說個沒完。

一生氣，我開車出門直接殺到琳達家，把這些日子的鳥事都和她說了一遍。她男友也在，聽完之後，她男友笑了，對琳達說：「這種是不是妳想找的男人？琳達總覺得我跟她的距離太遠，妳看吧，就是要有點距離才好呢。」

琳達把男友支開，和我說：「要是他們兩人能中和一下就好了。」

我知道她的意思，她一直都覺得男友不夠在意她。不過現在是我的訴苦時間啊，我趕忙問琳達該怎麼辦？

沒想到這時琳達的男友又湊過來問：「難道他都沒有其他事情做嗎？」

「當然有啦，他也有一份不錯的工作，不過的確不忙，時間比較彈性。」

「那他有自己的朋友圈嗎？」琳達的男友又問。

朋友圈？我仔細想著，話說我們在一起後，好像他沒帶我見過他的朋友們，他也很少出去聚會。

我告訴琳達的男友，小伸的朋友似乎不多。

琳達的男友笑了笑說：「問題就在這裡了，妳叫他多交些朋友吧。」

琳達捶了男友一下說：「這算什麼方法，你要小萌去哪裡給他找朋友？再說朋友也不是說交就交得到的。」

琳達的男友乾脆坐下來說：「那他有什麼興趣愛好嗎？」

我想了想，突然靈光一閃說：「有。」

兩個人饒有興趣地問：「什麼？」

我笑了笑說：「盯梢我、黏我。」

聽完我的話，二人僵住。琳達的男友說：「好冷啊，我得去運動了，不然要被妳的笑話凍死了。找點他感興趣的事情讓他做吧，把他時間排滿，就不會太黏妳了。」

我問琳達的男友，他怎麼知道這樣有用，他卻要去我問琳達。

後來才知道，原來琳達的男友一度覺得琳達太黏人，就用這方法對付琳達，果然奏效。琳達喜歡逛街購物、喜歡音樂，她男友就要她經常約我們逛街吃飯，還幫她報名鋼琴班。果真，忙碌起來的琳達不再一天到晚追著她男友，生活也充實了。不過我仔細想，琳達那種黏人程度算什麼，跟小伸比起來簡直小巫見大巫。

但我還是決定一試，畢竟小伸的確是個不錯的好男人，這是良心話。

我花了一週的時間觀察小伸到底喜歡什麼。可是說句不要臉的話，我覺得他還真的只喜歡黏著我，真是個悲慘的事實。後來一起看電視時，他無意中聊到小時候非常喜歡卡丁車，希望長大後可以當車神，不過那只是小時候的幻想啦。收到這個資訊，我簡直喜出望外，趕忙上網去查哪裡有卡丁車俱樂部，然後興沖沖地花了三分之一的薪水，幫小伸辦了張卡丁車俱樂部的會員卡。

果真，他收到時非常興奮，覺得我對他太好了。因為是他的愛好，所以他每週起碼要去兩三次，再加上俱樂部每週都有一到兩次活動，我發現他只要不上班就會過去。雖然這是項挺花錢的昂貴愛好，不過我終於擺脫了他二十四小時的黏人，反正他的收入完全能負擔得起，再說，男人是該有個興趣嗜好，這年頭要是沒個像樣的嗜好，都不好意思說自己懂生活。

其實有時完全可以拿出對待黏膩女的方式來對待黏膩男。同時妳會發現，原來黏膩男更好對付，不管怎麼說畢竟是男生，某些程度而言，他們還是渴望有自己的生活。只是有時候他們還沒找到自己該做的事，所以就把所有的注意力都轉移到他愛的女人身上。

這時候妳就要試著引導男友，將投注在妳身上過多的注意力轉移一下。不過話說回來，轉移注意力可是很講究的，一定要是他喜歡的、感興趣的，並且最好由妳帶頭做，不然就算他們再喜歡，也很可能一拖延就過去了。

拿琳達男友對待她的方法來說，他從來不直接對琳達說，「妳出去逛街去吧！」因為琳達一定會想，「怎麼，我在這你覺得很煩是嗎？」反而會引發副作用。那琳達的男友都怎麼說呢？他會在琳達身邊自然地說，聽說什麼什麼在打折，最近好多人都去了，我還幫妳弄到一張某專櫃的折價券之類，這樣琳達就會非常高興，男友達到了他的目的，兩人感情也變得更好了。

同樣的道理，妳對待男友時也應該如此。放心，每個人都有他喜歡的東西或感興趣的事情，只要這些事情不傷天害理，那妳就鼓勵男友去做吧。如果是想要跳舞、喜歡音樂之類，妳大可以直接辦張卡給他，讓他去，甚至頭兩次陪他一起去。要知道，黏膩男很需要人陪。如果妳的黏膩男更極品，是那種極度需要陪伴的人，妳也可以慫恿他為數不多的朋友一起去，這樣既有事情做，還有了朋友的陪伴，相信妳就可以鬆一口氣了。

但是值得一提的是，他不黏妳的這段時間裡，妳不要總是在外面晃蕩，這樣很可能會讓黏膩男失去安全感，寧願不要興趣嗜好，也要重新回來黏妳。千萬不要給他一種妳想支開他去做什麼的感覺。

就拿我來說吧，他去他的俱樂部，我就照常回家。或者偶爾和姊妹們聚會，結束之後可以一起相約回家。總之，盡量和他熟悉的人在一起，這樣就沒問題了。歸納起來，黏膩男其實比較偏向敏感男，容易疑心且內心脆弱。但總體來看，這類型男人滿適合當男友的，只要悉心調教，應該會是不錯的老公人選。

♥ 讓他感受到自己的重要性

這一段時間我們過得還算平穩，很少吵架，這樣的現狀是我嚮往的，平穩而舒適。不過，好景不長。

這天回到家，發現本應該去俱樂部報到的小伸竟然待在家裡，問他原因也不回答，臭著一張臉，我心想這下又是怎麼了，既然他不說，那就不問了。

因為加班回來很累，洗了澡就窩在臥室的沙發上上網，過了一會兒，他發來一封訊息：「小萌，妳說我到底對妳重要嗎？為什麼我一點都感受不到呢？」

我一看這簡訊，一陣頭皮發麻，這又是要演哪齣啊？回覆了句「重要啊」，繼續逛網頁。誰知道一頁還沒逛完，小伸的訊息又發過來：

「那為什麼妳很少主動打電話給我，我發現只要我不和妳聯繫，妳就不會主動和我聯繫，是不是只能我追著妳？」

看到這內容，真的是佩服得五體投地，什麼跟什麼啊，我們又不是相隔天涯海角。每天都見面，本來依照我的個性根本不需要聯繫，是你覺得一定要，那我就配合唄，沒想到配合你還配合錯了。真是的，我這邊也配合煩了，心想他那邊也生氣，現在才明白，怪不得今天一回家就拉著一張臭臉。

我不想回，但又怕收到沒完沒了的訊息。要知道，這是黏膩男們的一大通性，不達目的誓不罷休。切記，此點只適用於他們面對感情時。打開訊息，想了半天發了一行字過去：「那我以後盡量主動聯繫你吧。」

過了一會兒，小伸沒有再回覆我，我安心地繼續逛網頁。接著他走進臥室，倚在我旁邊，問我是不是能說到做到，其實我差點忘了自己剛才說了什麼，想了一下之後，點頭告訴他放心吧。

再一看，他已經多雲轉晴了，開始跟我說今天為什麼沒去俱樂部，因為明天他們俱樂部有一個比賽，所以今天休息，明天比賽，他還特地叮囑我要去看他。

我點頭說好，其實我對卡丁車沒興趣，但他既然要我去，我就去吧。

第二天，打算吃過中飯就過去的，也跟主管說好了，哪知道不巧總編回來了，找我開會，沒辦法，只好臨時打電話給小伸說明情況，他那邊「嗯、哦」的，沒多說就掛了，我心想他大概又要生氣了，可是也沒辦法。

果真，平常我下班前都會接到小伸的電話，可今天他沒打。我想這傢伙大概又要耍脾氣，為避免節外生枝，還是主動出擊好了。我打電話給小伸，問他在哪裡，他說還在俱樂部。我要他在那裡等我，買了份禮物開車過去。他見到我拿著禮物，冷冷地地說，他又沒有拿到冠軍，買什麼禮物。我一聽他語氣不對，趕忙說好話哄他，因為抓到了安撫他情緒的關鍵，所以沒一會兒他就沒事了。

有時覺得和小伸交往，真會以為我跟他身分錯位，我更像是個男人，而他更像個小女孩，總是需要我哄。但歸根究柢，平心靜氣想一想，是因為我對他很重要的緣故吧。

想要和黏膩男好好相處，我得到的最大的經驗就是——妳一定要讓他覺得他對妳而言很重要。

他就像個小女孩，在戀愛中渴望得到百分之兩百的重視，因為他們在戀愛中也會付出百分之兩百對妳。即便那種愛有時可能是種負擔或束縛，但愛本身沒有錯，只是形式上不易讓人接受。

每天給妳電話、簡訊，問妳在幹什麼，關心妳，其實只是希望透過這些方式讓妳感受到他對妳的愛。或許黏膩男們比較單純，他們不知道還有很多表達愛的其他方式。他們非要黏著妳一起參加聚會，很多時候他們也會感到很無聊，但還是非要找各種理由跟去，不是不相信妳，只是想隨時陪在妳身邊。所以，心理學家把黏膩男定義為寵物狗，真的很貼切。

他無時無刻需要妳在身邊，在他的視線範圍內，只要妳在，他們就很安心，不時向妳索取擁抱或者親吻。

這樣的男人也像寵物狗一樣忠誠。一般來講，絕對可以做到對妳不離他不棄。但他們的心也很脆弱，一旦受傷，就會躲得遠遠的，尤其是當他們認為妳一點都不在乎他之後。

由此可見，想要和這種堪稱優質的男人好好相處，最重要的莫過於讓他感受到妳的重視。

正常情況下妳可以這麼做：

每天至少給他一通電話、兩封簡訊，不需要很多內容，簡單關心他一下即可。

一定要記得在各個節日，尤其他的生日時準備禮物。黏膩男總體來說屬於很會製造浪漫的男人，絕對不會忘記對方的生日，也會記得各種重要節日，甚至你們什麼時候認識，哪一天是紀念日他都記得很清楚。他們會在這一天到來之前準備各種驚喜給妳。他們不奢求妳為他們準備多好的禮物，但是絕對無法接受妳的忽視甚至遺忘。因此，即便妳只是寫一張深情款款的小卡片，他們也會欣然接受。但如果妳說忘了，就算日後彌補他再棒的禮物，他心裡也會很受傷。

他們有向另一半彙報自己行程的習慣，不要覺得他們煩。

外出旅行或出差，如果他不在，記得帶點東西給他，告訴他妳想著他呢。

不要一回到家就埋首電視劇或逛網頁。即便相處很久了，也要留一點時間給彼此，哪怕聊得都是些有的沒的，對他來說都很重要。其實這對任何一種類型的情侶來說，都是很重要的，不間斷地溝通交流是維持感情的良方，一定要清楚這一點才行。

如果妳要去做什麼事情，盡量帶著他一起，記得要邀請他，百分之九十九他都會欣然前往，重點是妳的邀請會讓他覺得很高興。

綜上所述，這是一種很特別的男友，他喜歡做的是大部分其他類型男友最不喜歡的事情，他只喜歡和妳逛街，喜歡坐在一旁聽妳和姊妹們聊天……如果培養好默契，你們應該會很幸福的。

6 Chapter

敏感男

和

無所不疑的二人世界

和敏感男相處，開始太美好，中途太難搞，結尾太傷人

敏感男是在情感上非常敏感的男人。他們天生有著敏銳的情感觸角，這一點是很多女人都比不上的。但同時，這種天生過於感性纖細的情感觸角，也讓他們在感情中缺乏安全感。和敏感男戀愛一定要做好心理準備，因為他們總是開始時太美好，中途時又太難搞，結尾時卻太傷人。

♥敏感男追妳時就像個知己

遇到李傑時，對他並沒有太多好感。怎麼說呢，他長得也不錯，條件也挺好，但似乎就是不來電。妳知道的，女人戀愛最注重感覺，倘若感覺對了，就算對方一無所有，我們也心甘情願。可是感覺不對，就算他家財萬貫也是白搭，就算在一起，也不是為了他這個人。

李傑和我是在一家書店認識的，有段時間趕一個專題，時常會去那家書店翻書、想點子，而他正是那家書店的老闆。有時我會在書店的附設咖啡座從早坐到晚，靈感來時就一直寫，所以好幾次書店到了打烊時間我都渾然不知。通常李傑會打發走店員，然後端一杯熱牛奶給我。

這樣的事情有很多次，讓我感到很溫暖。女人有時就是這樣，會因為溫暖而對一個人產生好感。

就這樣，我默許了李傑對我追求。

每天早上，還沒起床，一打開手機絕對能夠看到李傑發來的簡訊：

「親愛的，早安，我猜如果妳現在再不起床的話，一定會遲到的，不過，就算遲到也要記得吃早餐。」

中午時他還會打電話來，或者悄無聲息地來到我公司樓下，買了便當，趕在中午休息前幾分鐘悄悄地放在櫃臺。每次櫃臺小姐總是羨慕地問我，還有沒有類似這款的男生介紹一個給她。

下班前李傑會先發簡訊問妳，晚上有什麼安排。如果妳說要和朋友們聚會，那他就會叮囑妳早點回家，然後在十點鐘左右再打電話給妳，如果妳還在外面，他會問要不要他去接妳，送妳回家。反之，如果妳說晚上沒什麼安排，過不了十幾分鐘他就會出現在妳面前，並且安排好了整晚的行程……

在李傑追求我的那段時間，真覺得他是這個世界上最體貼的男人。他願意陪妳去逛街，但又不會像黏膩男那樣，他只是默默地陪著妳。

那天和總編吵架，他非要拿掉我負責的一個專欄，硬要在文化公益的內容中植入廣告。我們兩個因為這件事開了一整天的會，結局以我的失敗告終。我萬般鬱悶苦惱，一個人坐在辦公桌前，有種欲哭無淚的感覺。看著總編從我身邊經過，我隨即想到這樣一個畫面——我跟著他走進他的辦公室，把案子往桌子上一放，大聲吼道：「靠！老娘我不說話你把我當病貓，為了賺錢良心都不要了，你自己去塞你的廣告稿吧，老娘不伺候了。」然後正氣凜然地離開，辦公室外的同事都向我投來讚許的目光，我揮手和他們示意。接下來一個人回到家，長達兩個月找不到新的工作，看著每月的待繳帳單發愁。偶爾在街上碰到以前的同事，他們熱情地打招呼，卻在妳還沒走遠時就議論紛紛：「看到沒，就說沒好下場了，得罪總編以後沒得混了，真是的，活該啦，誰教她逞強……」

畫面到此消失，我用力地甩甩頭，看吧，這就是我們這些上班族的苦啊，突然好想唱一首《酒矸倘賣無》……正在我自怨自艾時，手機鈴響了，李傑打來的。

陷入沮喪的我接起電話，沒了往日的熱絡，簡單地說兩句就掛掉了。也不想回家，就一個人在座位上發呆，沒一會兒李傑發來簡訊，他說感覺到我不開心，問我願不願意把不開心的事情分一點給他，這樣我就能少一點不開心了。

我把遇到的事情用簡訊寫給他，他回了句凡事往好處想，之後就半天沒回。我因為心情不好，也沒有再給他發訊息，過了一會兒，他竟然直接出現在我面前——我的公司離他的書店不遠。

他要我跟他走，其實就是去他的書店。像往常一樣，他給我倒了杯牛奶，說等我喝完牛奶他送我回家，遇到不開心的事情時就應該早點睡覺，睡飽了什麼煩惱都沒有了，第二天起來之後，繼續做自己該做的事情，其他的都不要去想。

我聽著李傑的話，那一瞬間，我真的徹底被感動了。有一個關心妳的男人在身邊，這點並不足以為奇，但令人無法拒絕的是，他似乎總是能夠察覺妳情緒的細微變化，在妳最需要他時出現，默默地陪伴，靜靜地聽妳訴說，這種感覺好像……好像一個相識一輩子的知己般體貼。

敏感男顧名思義，在情感上非常敏感的男人。他們天生有著敏銳的情感觸角，這一點是很多女人都比不上的。但同時，這種天生過於感性纖細的情感觸角，也讓他們在感情中缺乏安全感。因為自信地認為自己能夠第一時間發覺那些情感中的微妙變化，所以敏感男又大都很主觀，這種主觀並不是自我主義，而是當他們想到什麼時，就會認為事情本來就如此。

現實中的敏感男，其實一開始都是非常討女孩子喜歡的。因為他們大都外表紳士，給人溫柔的感覺，又不失幽默。簡言之，這樣的「暖男」絕對具有十足的殺傷力。

他們與妳過往的男友截然不同，當然前提是妳沒有和敏感男交往過。他不會像黏膩男那樣像個孩子似的黏著妳，卻在身邊默默地二十四小時陪伴妳，清晨起床就能收到他的溫馨簡訊，或者他直接買好早餐出現在妳家門外；晚上安排好一切接妳去吃晚餐，然後開始浪漫的一夜……其實他並不是刻意要做什麼來討好妳，也不是追女孩的技巧有多高超，只是他們夠敏感，比一般男人更能察覺女人內心的變化。因為如此，他們絕對是很優質的男人。但值得一提的是，也正是因為如此，他們常常以為自己真的像天神一樣能夠看穿女人的心。所以一旦他們覺得苗頭不對時，就會整個爆發，盯著妳不放，死活都要妳做出解釋，但很多時候，其實什麼事都沒發生，只是他們的神經太敏感罷了。

和敏感男戀愛一定要做好心理準備，為什麼這麼說呢？因為他們總是開始時太美好，中途時又太難搞，結尾時卻太傷人。敏感男在最初追求妳時，一定會讓妳覺得這輩子能遇到這樣一個男人，一定是上輩子燒了好香。他總是能輕易洞察妳的情緒，在妳需要陪伴時出現在妳身邊。明明沒認識多久，卻像相識很久的好友一樣。於是妳放下所有的顧忌，迅速地和他在一起。

可沒過多久，妳就開始質疑自己是不是錯了。因為妳開始發現，他們那種善意洞悉的神經無處不在，妳稍微晚回來一點，他會洞悉，然後質問；妳沒有及時接到他的電話，他又開始洞悉、質問；妳說話時，多提到一些異性話題，他依然洞悉、質問……

總之，和敏感男在一起，妳就得經得起洞悉和質問。要知道，洞悉無處不在，當然妳一定會說，為什麼不和他解釋清楚呢？兩個人在一起，只要把話說明白就好了。但事實上，和敏感男講道理是講不通的，尤其是在他們質問妳時。那時候，他們的精神其實處於半失常的狀態，認為他們所想像的就是真的。所以無論妳怎麼解釋，他們都有話能駁斥妳。最後逼得妳走投無路，乾脆一氣之下跟他槓上，告訴他，「沒錯，你的猜想都對，這樣可以了嗎？」這時候，敏感男又會突然變一個人，他們會馬上沉默，持續很長時間，之後再向妳解釋，他的歇斯底里都是因為太在乎妳了，如此反覆，最後妳只明白一件事——那就是，敏感男的在乎還真不是一般人能承受的。

♥ 適度敏感的男人尚可考慮

和李傑在一起後，起初一切還都維持著原本的樣子。可是有一次小宇從國外回來，約我和琳達、阿尤一起吃飯。大家在一起聊著聊著就忘了時間，再加上手機沒電自動關機，當想起來看時間時，已經將近晚上十一點了，琳達和阿尤還有興致，打算要去小宇家繼續 happy。小宇去了美國之後，本來原定計畫是一年多就回台灣，但因為表現不錯，那邊的公司也需要人，乾脆直接留在那兒了。如今距離上次見面，已經又一年左右過去了。大家起鬨著，我也就去了，因為手機沒電，我就用琳達的手機給李傑發了封簡訊。告訴他晚上我們會在外面過夜，他見過琳達和阿尤，也知道我今天要見小宇。當然，在我還在他書店寫東西、尚未在一起之前，曾聊過彼此的事，所以他知道小宇和我的那段故事。但我沒想那麼多，畢竟琳達和阿尤也跟我在一起，再說我心裡清楚得很，我跟小宇只是好朋友的緣分。

第二天早上我很早回到家。一到家，發現李傑已經坐在沙發上了，看樣子他應該是一個晚上沒睡。見到我後，他沙啞地問了問我就回臥室了。我看到客廳桌上有幾個啤酒瓶，也看到菸灰缸裡有很多菸蒂，就走到臥室問李傑發生什麼事了？

他起初不說，沉默了好一會才說：「妳說呢？妳不是答應我十點之前一定回來嗎？現在呢？一整夜都待在外面，那個男人還是妳的前男友，我這個現任男友能做什麼？」

聽著他沙啞的聲音，想到他應該一夜沒睡，我突然覺得自己好像真玩得有點過分了，趕忙認錯，他對我訓了一頓話後，我才去洗澡休息。

從那之後我明顯感覺，李傑對我的要求越來越多，只要電話一沒接到，他就問很多問題，比如為什麼沒接電話？在幹麼？周圍有誰？這些問題每天最少都要回答一遍以上，讓我很抓狂。但如果我不一一回答他的這些質問，可想而知，回到家肯定又是一頓爭吵。

那天小宇要回美國了，琳達提議在他走之前大家再聚聚。我跟李傑說要給小宇送行，沒想到李傑無論如何就是不同意，他打從心裡認定我和小宇之間有曖昧。我跟他解釋，要是真的有，我大可以找個理由出門，根本就不必告訴他。但他壓根聽不進我的解釋，完全沉浸在自己的想像之中。那狀態擺明就是告訴我，要是我去了，我們就完了。

我這個人有個毛病，吃軟不吃硬。聽他這麼說，我也心一橫，完了就完了吧，換件衣服就出門了。其實去不去都無所謂，但就是不能受人要脅，尤其是在感情中，我最無法接受的就是用分手來威脅我去做什麼。

這次聚會我的心情很低落，畢竟我曾對這段戀情有很多的期許。還跟琳達說過，打算這次要把自己嫁了。想到以前李傑對我的好，我的確不想因為這點事就分手，可一想到他沒完沒了的質問，我又覺得很委屈，既然不信任，又何必說愛呢？

吃過飯後琳達的男友來找我們，他們一起去唱ＫＴＶ，我則藉口不太舒服回家了。到家時看到李傑又坐在沙發上，看到我進門他有些驚訝，大概沒想到我不到九點就回來了，我沒有說話，直接換衣服洗澡進臥室。

過了很長時間，在我快睡著時，李傑走進來躺在我旁邊，很輕地在我耳邊跟我說：「對不起，我知道我不該那樣的，只是我真的太在乎妳了。要是我不知道你們之前的事倒還好，因為知道了，我怎麼能放心呢，我怕失去妳。妳原諒我這一次好嗎？」

我那時候本來並不真的想和李傑分手，在他說了幾遍好話後，便原諒了他。並且告訴他，以後別有事沒事地質問我，我發誓跟他在一起時絕對沒有想過別人。

那之後清靜的日子也就一週吧，李傑又開始發病了。導火線是我和總編一起出去見一個廣告商，手機轉靜音，他打了好幾通我才看到。接通電話後自然請他有話快說，不重要的事就回家再說。畢竟陪大頭來見廣告商，難道人家那邊聊，我這邊跟他聊嗎?誰會這麼白目啊！

為了這件事，李傑又跟我吵了一頓，一大堆質問，話說得很難聽，比如為什麼不能接電話？是不是真的靜音沒聽到？妳和總編之間是不是有什麼……諸如此類，這一次我真是懶得解釋，人常說有一就有二，不會再有三和四。我把手機丟在桌子上，告訴李傑，裡面有總編的電話，要他打過去問。

但這會兒他又絲毫沒有動作。我氣得要死，他只是沉默，我要他打，他卻遲遲不打。過了一會兒，他又跟上次一樣過來哄我，這次我依然原諒他了，但和他的距離卻在無形中拉遠了。

但最令我意想不到的是，李傑竟然偷偷查看我的電話記錄。那天忘了我們為什麼事情爭吵，他丟出一句：「現在是不是很後悔沒有跟那個叫小宇的在一起，你們最近不是經常通話嗎？」我當時一愣，隨即反應過來——李傑偷看我的手機！到了這一步，我和他真的沒什麼話好說了。我告訴李傑，和小宇聯繫之所以密切，是因為和我們合作的廣告商就是他們公司，世界上就是有這麼巧的事，我在做一篇美國公司的採訪，對應的窗口就是小宇。說完我便拿起包包走出李傑家。

說到敏感男，疑心病不發作時真是怎麼看怎麼好，但只要他發作過一次，妳等著瞧，絕對會接二連三地發生。這時候妳就要判斷了，如果妳的他屬於極品的敏感男，我建議妳還是別繼續陷下去。有句話說得好，和極品敏感男談戀愛等同慢性自殺。妳千萬別不信，雖說吸菸等於慢性自殺，可有些人撐到死掉的那天還在抽，但妳可別妄想和敏感男能撐下去，除非妳能完全按照他說的話去做，毫不出差錯。

現實生活中，敏感男也分三六九等，層次越高的越加敏感多疑。有部日劇《Last Friends》，其中一個女性角色美知留的男朋友及川宗佑就是這種極品敏感男。每天回到家都要查看女友手機，不允許她和異性聯繫。後來因為得知女友的好友中有一個是tomboy（穿著中性的女孩）瑠可，更是天天沒事盯梢，最後甚至到對方的工作地點去大鬧，回家還理直氣壯地說都是出於在乎和關心。女友上班時，男友不時會出現在女友的上班地點外。因為女友是髮型師，日常工作中總會接觸很多異性。但就是這樣，男友在見到一兩次女友為別的男人剪頭髮後，就開始發飆了。回家不是自殘就是歇斯底里，最後硬是要求女友發誓，自此不再幫男人剪頭髮，女友沒辦法只好答應……

像這樣的男人，他的敏感其實已經衍生出心理上的疾病。他們中的大部分有時明白自己不該如此，應該多給對方些信任。但只要一看到或想到什麼事情，就控制不住自己的胡思亂想。一想便覺得哪裡都不對，所以就去對女友一頓說教，甚至為此大動肝火。和這樣的男人生活在一起，除了生活中煩惱無限增大外，也會非常缺乏安全感。我們都知道，女人對安全感的需求是非常強大的，但敏感男更需要安全感，這點可能是受年幼時的經歷影響，比如出身單親家庭。敏感男多疑的性格致使他們非常缺乏安全感。和一個人在一起時，除非對方二十四小時都在他的視線範圍內，不然他就會認為對方可能會做出不好的事情，所以一定要盯著，一旦過程中讓他發現了蛛絲馬跡，他的懷疑就會立刻爆發，而之前可能僅存的一點點信任也會瞬間崩壞。自此，你們將輪迴於猜忌及解釋之中，有些女人受不了就離開了，有些女人則越陷越深，越傷越深。

判斷一個男人的敏感程度其實很容易。這一點在正式交往的兩三個月內就會顯現出來。他會非常關注妳一天的行程，當妳有什麼新的行程時，他會問得很清楚。尤其當妳身邊出現異性時，他會格外注意。這時妳該做的就是，當他有任何疑問時及時回覆他，並且解釋給他聽。敏感程度尚可的男人此時就會放鬆警惕，雖然他們心裡仍存有疑問，但依然會選擇給予信任。

對待這難得的信任，作為敏感男的女友，妳一定要注意了，有時敏感男的敏感程度，會隨著妳的態度而逐漸減輕或加重。當他們認為自己連續被欺騙，就會變得歇斯底里。相反地，當他們很多懷疑最後都證明是錯誤的，自然也會放鬆些警惕。所以，妳若有什麼想法和變化一定要提前告訴他，並且耐心地解釋給他聽。或許有時，妳認為兩個人在一起何必要如此小心翼翼呢？沒辦法，誰教妳的他是個敏感男呢？妳的一兩句無心之言，很可能就會成為你們感情崩壞的根源。所以，盡量小心再小心吧。

尤其要記得，如果妳答應了十點回家，就千萬不要十一點再回家。他可不是妳媽，回來頂多責備妳一兩句，說什麼這麼晚回家不安全。敏感男會在心裡默默種下一顆懷疑的種子。出去聚會如果有異性在場，一定要把情況彙報男友。盡量避免和前男友，或者任何他知道和妳有曖昧的男人聚會，這樣會讓他們抓狂的。

綜上所述，對於敏感程度尚可的敏感男，你們能否長相廝守，其實大部分的決策權還是在妳手裡。妳需要學會如何和這樣的男人相處，學習拿捏分寸。不可否認，和他們相處是比較勞心，但既然選了就要付出到底。至於那種動不動就尾隨跟蹤、不時就翻查妳手機的極品敏感男，還是算了吧。

♥ 因為知道妳的過去，讓他更容易翻舊帳

我和李傑分開後，有一次老友聚會閒聊，我才發現原來好多男人都有

這種敏感的毛病，只不過李傑嚴重了些。現在想想當初琳達說的話，真的有些道理——人家一個適婚好青年，要外貌有外貌，要家底有家底，怎麼到現在都沒有合適的女朋友呢？再加上他那溫柔體貼的樣子，按理說應該是妻妾成群啊？

如今想來，還是琳達高瞻遠矚，觀察入微啊。不過，我從不抱怨每段戀情的無疾而終。雖然談了那麼多戀愛，有的還沒開始就結束了；有的以為能夠一輩子卻又草草了結，都沒有什麼好抱怨的。雖然自己遇人不淑，各個都是極品，但心中始終還留存著彼此之間曾經的美好。

阿蘭是我和琳達高中時的好朋友，後來聽說嫁了有錢的老公，去了大陸，最近聽說離婚了，又回到台灣。這次老友聚會阿蘭也來了，我們有好幾年沒見了，之前她總要我們去大陸看她，但因為種種因素一直沒去成。如今見了，三人都有說不完的話。

雖然不應該揭人家傷疤，可我跟琳達還是很想知道阿蘭到底為什麼離婚，據說那個有錢的男人是阿蘭大學同學。

起初阿蘭不太想說，但後來聽說我和李傑的事，她突然嘆了口氣說：

「這種男人真是要不得啊，我和我前夫是大學同學沒錯。他是陸生來臺灣讀書，那時候我們滿要好的，經常一起玩，但就是不來電，所以只是朋友。在一起是大學畢業兩年後的事，沒多久我們就結婚了。可是婚後生活那真的沒法形容，他甚至把我禁足。妳們也知道，我大學時是比較愛玩一些。我們那時不也經常約去夜店嗎？我也交過幾個男朋友，那時覺得我前夫是個難得的『藍顏』知己，有什麼事情都會和他說。可誰想到這些事情都成了婚後他對我懷疑、質問的根據。動不動就拿以前的事來說，說我以前怎樣怎樣，現在是不是還想那樣。

這幾年我都沒回過台灣，不是我不想回來，之前回來過一次，大學朋友聚會。聚會後大家一起合照，男男女女八九個人，這其實是很正常的事情，他看到後偏說我跟大學的男友還有一腿。此後呢，只要我一提回台灣他就跟我吵架，我總要見自己家人吧，結果他乾脆直接把我家人接到大陸去，不准我回來。但我也忍下來了，畢竟都結婚了。

可誰知道情況越演越烈，只要有點什麼事他就和我吵，我真的累了，也想過好好和他談，但根本沒用。他不發作時會跟我說，都是因為對我的過去太瞭解了，所以才擔心害怕。我真後悔，早知道大學時什麼事都不和他說，那他是不是就放心了？況且那都是以前的事情，他那時也交過兩三個女朋友，我也都知道。我覺得那都沒什麼，誰沒有過去，重要的是現在，我很用心地想和他好好過日子，可是天不從人願啊。」

聽到阿蘭的訴說，我和琳達的胸口都像壓了塊大石頭一樣沉重。聽說阿蘭的前夫還曾因為懷疑什麼而動手打了她。慶幸的是，阿蘭現在終於不再一味地退讓，而是選擇離開。過去的不開心也終於可以畫下句點了。

我也頓時慶幸自己和李傑分手了，因為他也可能是一個那樣的丈夫。其實每段戀情結束後，除了傷痛之外就是收穫，會分手就證明彼此不適合，排除掉身邊那麼多不適合的人之後，妳才能儘可能地遠離傷害，找到那個最適合妳的男人。

敏感男是天生的雙面人，他們發作起來時讓人很害怕，但溫柔起來時又讓人很沉迷。或許因為這樣，很多女人選擇妥協與忍讓，卻換來男友的越演越烈。也有人說，敏感男之所以敏感，是因為有所察覺，那女人們就不能不讓男友們有所察覺嗎？這話好像有點「無風不起浪」的感覺。只可惜敏感男才不管這些，他們想事情的方式通常是一概而論的。如果女人一味地退讓，最後只會讓自己迷失，也會讓敏感男迷失。

敏感男的字典裡沒有「信任」兩個字，他對任何事情，尤其是感情是存有猜忌的。當他們開始起疑，要求妳做出改變時，妳必須要堅持立場，並且一開始就把話說開來。如果他們執意要妳改變，妳就必須重新思考是否需要繼續彼此的關係。這不是要妳斷然分手，而是妳必須清楚，等待妳的絕不是今天的一次改變，而是日後沒完沒了的改變與適應。沒錯，妳是可以為他改變、適應，但終究會到達妳的底限，到那時妳再來說不適應也沒有用了。因為他們已經形成了固有的認知，此時妳斷然拒絕，會令他們瞬間爆發，而妳自然也會覺得無比委屈，這麼久的退讓依然換不回他的理解與信任。

還有一個和敏感男們相處的要點——如果對方是妳的好友，

或是知道很多妳私事，比如知道誰誰追妳，知道妳經常和男生約會（即便什麼都沒發生）……諸如此類，建議妳還是不要妄想和這樣的男人開展戀情，除非他是個極度輕微敏感的男人，不然之後有妳受的了。因為他自認很瞭解妳，所以更可以輕易對妳做出判斷、提出質疑，就像阿蘭和她的前夫一樣，太累了。

如果妳真的想和一個男人從好朋友發展成為戀人，我倒是很建議妳和身邊的黏膩男發展戀情。他們不在乎妳之前的故事，只要妳能確認，從在一起的那一刻開始，隨時跟他保持如膠似漆的黏人狀態就好了。

不要在他的敏感中迷失自我

和李傑愛情的無疾而終，讓我好長一段時間走不出來。日子雖然還是照舊過，但只有我自己知道，曾經有過的記憶無法輕易割捨。清晨起來時，會不自覺地翻開手機，但再也沒有早安簡訊……

有時也會突然衝動地想，就回到他身邊吧，甘願做他身邊那個二十四小時相伴的女人。所有他不開心的事情都不做，所有讓他懷疑的事情都不做，那樣我們就不會有爭吵，就能一輩子了吧？

一次，琳達來家裡看我，當時我正抱著之前和李傑一起拍的相冊哭。雖然強烈地掩飾，但琳達還是看出了我剛剛哭過，再看看茶几上那本相冊集，琳達就明白了。

她要我丟掉相冊集，不要再沉迷下去了，她說李傑那樣的人不適合結婚，就算他再好，你們在一起不開心有什麼用。

我沒有丟掉相冊，我知道真正讓我捨不下的，並不是眼前能看到的一切，而是那明明還在的溫存。如果真要忘記，絕不是靠丟掉什麼就能忘懷的。

這輩子我若找不到能嫁的男人，琳達就是我最能依賴的人。我告訴她，非常渴望李傑能回到我身邊，為此我甚至願意妥協一切。

琳達一邊安慰我，一邊斥責我這種想法，她說：「妥協與幸福絕對是不成比例的，說句難聽的話，感情裡無節操的妥協就等於自殺，妳以為妳的妥協是愛他嗎？不，妳是在害他，因為妳的妥協，讓他無法意識到自己究竟無禮到什麼程度，因為妳的妥協，他的眼裡再也看不到自己的過錯。這樣一個男人，久而久之，等待他的結果必然是眾叛親離，而導致這結果的劊子手，其實就是妳這以愛為藉口不斷妥協的女人。倘若妳在第一次時就不妥協，哪怕據理力爭帶來的結果是兩敗俱傷，但至少妳讓他明白了一點，這個世界不是圍著他轉的，他必須去思考究竟什麼才是對的。而對妳而言，即便失去了愛情，但至少還保有自我。」

那晚我和琳達聊到很晚，或許應了那句日有所思夜有所夢，晚上我竟然夢到李傑。夢裡我們並未分手，夢中的我剛開始非常開心，李傑對我也是百般呵護。但是漸漸地，他就像現實中一樣，對我有太多的猜忌及質問，我都默默地接受了。夢裡的我和現實中的我完全不一樣。我沒有和李傑爭執，他說什麼是什麼。但我也看到夢中的我，在李傑不在身邊時獨自掉眼淚。怎麼做了這麼多，仍舊換不來李傑的絕對信任呢？難道我做的還不夠嗎？

就這樣，夢外的我看著夢中的我，終日悶在房間裡，想打電話，卻發現家裡的電話被切斷了，手機也被李傑拿走了，有時想出去轉轉，不料李傑回來就是一頓爭吵，到最後他甚至限制我的行動……

當我決定不再聽李傑的話，要出去時才發現門被鎖上了。我既驚慌又恐懼，四處翻找開門的鑰匙，卻怎麼也找不到，我沒有手機，家裡沒有網路，失去了和外界所有的聯繫，我拚命地喊人，卻無人回應，我的精神快崩潰了，我哭喊著，哭喊著……驚醒！

我不知道是不是夢外的我也在喊，那晚留宿在我家的琳達趕忙跑來我房間，問我發生什麼事。我搖搖頭，告訴她做了個噩夢。琳達皺皺眉，然後躺在我旁邊，說陪我一起睡。她問我做了什麼夢，我沒有說，翻了個身後對琳達說：「或許妳說得對，妥協是對愛情的謀殺。」琳達輕輕地拍了拍我的背，示意我不要多想，睡去……

女人在感情中最容易做的傻事就是妥協。她們單純地以為，只要自己妥協了，就能維持彼此的關係。殊不知，妥協換來的往往只是表面的平靜，但深層的問題其實正在發酵並且越演越烈。

我很讚同琳達的話，妥協其實是種不負責任的行為，因為妳害怕去尋找更好的解決方式，所以直接默許對方的態度，無論正確與否。

和敏感男相處，妥協是化解彼此爭吵最簡單的方式，但無論妳有多麼愛他，我都得說，絕不要輕易妥協。人們常說感情維持的良方是相互理解，但絕對不包括無底線的妥協。絕不是他說什麼妳就要做什麼，更不是他對妳某些事情有所不滿，妳就必須去改變。當然，明顯錯的、不正確的事情，妳要改。可有些明明是他多疑、猜忌引起的問題，千萬不要為了躲避一時的爭吵，或者天真地認為只要妳按照他的意願做了，你們之間就沒問題了。要知道，這樣做不但不會讓你們的關係變好，還會讓他對妳的要求越來越多，當有一日妳突然不想再按照他的要求去做時，很有可能會出現兩敗俱傷的慘烈局面，甚至導致某些極品敏感男們走上極端。

《Last Friends》中的及川宗佑絕對是個十足的敏感男，他對女友美知留總是有沒完沒了的要求。美知留是一個個性比較逆來順受，且總希望用自己的妥協換來與男友平靜生活的女人。就這樣，在不斷要求與妥協的拉鋸戰中，美知留一直被壓迫，直到有一天她突然不再想過這樣的生活時，卻遭到男友恐怖的對待，因為已經習慣了女友的妥協，男友無法接受女友突然間轉變，甚至極端地認為，女友之所以這麼做肯定是因為有了別人，於是不但對女友大打出手，還將女友禁足，最後竟然選擇最極端的方式——自殺。

當然，這樣的故事都是戲劇的橋段，現實中可能不會發生這麼嚴重的事情，但事件都具有共通點，從這些類似的故事中不難看出，妥協是與敏感男交往的過程中大錯特錯的一步棋。

女人在一步一步的妥協中慢慢迷失了自我，一個找不到自己的女人就會被人擺布。而另一方面，敏感男說難聽的就是有點得寸進尺的類型，他們絕對不會滿足於妳一次的妥協。相反地，只要妳妥協一次，他會認為妳就該次次妥協。當然，剛開始妥協總是很容易，但漸漸地，再柔弱的女人也不會一直任人宰割，也會有厭煩時。這時候，她們可能才開始意識到，妥協起不了什麼作用，並且決定不再妥協，殊不知為時已晚，敏感男對妳已經形成了固有的認知，一旦妳轉變，他們內心那種不安與猜忌就會即刻爆發，等待妳的就是想到都覺得難以招架的「戰役」。

與其如此，還不如從一開始就不要去做毫無意義的妥協。面對他的猜忌，妳只需要正面解釋，所謂身正不怕影子斜，如果這個男人是個心態正常、敏感適度的男人，他會聽進妳的解釋，並在妳屢次不妥協之後，去反省他的猜忌是否都是空穴來風？只有這樣，你們之間的感情才能真正地向前跨進。

7 Chapter

憂鬱男

和

宛如林黛玉般的歲月

面對憂鬱男，要不斷充滿「正能量」

憂鬱男不像孔雀男那樣招搖，但也不缺乏自信，眼神中總是流露著淡淡的憂鬱，深邃而迷人，總有一種讓人想去猜測他們的衝動。總體來說，憂鬱男屬於很受歡迎的男人類型，但這僅僅局限在妳未和他真正長期相處之前，那種神祕感總是讓人充滿幻想，可一旦面紗被揭開呢？

❤ 首先確定妳自己心態夠樂觀

「你回來了？」我坐在沙發上看電視劇，李蘇一副死裡逃生般的樣子，疲憊地站在門口換鞋。

他悶悶地「嗯」了一聲，然後一頭栽倒在我身邊，短短五分鐘內嘆了七、八次氣。本來心情很 sunshine（陽光）的我也開始覺得胸口沉悶。

我和李蘇是大學同學，大學時就對他心生愛慕，但彼此都沒說明就錯過了。再遇到時，我已經二十七歲，而他也從歐洲留學回來了。同學會上我們一拍即合，約會幾次後就很自然地在一起了。李蘇各方面條件我都很滿意，人長得也不錯，只是有一點，那就是他的負面能量太大，總是能把我拉進失落的情緒裡。

基本上，每天李蘇下班回家都是這樣一副狀態，我便問他，今天又有什麼不開心的事嗎？

李蘇搖搖頭，坐直了身子，看著我問：「妳說人活著為了什麼？」

啊，我被問倒了。為了什麼？為了活著而活著。

他一副哭喪臉繼續搖頭，我故意開玩笑地說，「難道是為了讓你遇見我，愛上我？」

本以為我這麼努力地逗他，他起碼會配合一下，沒想到他擺出一副要死狀說：「我發現人活著真累，沒完沒了的工作，沒完沒了的案子，沒完沒了的煩惱……唉，真他媽的累，早知道這樣我媽就不該生我，小萌啊，我們不要生小孩，千萬不能生，生了孩子就是讓他受罪啊。唉……」

唉……唉……

李蘇在持續嘆氣不知道多少次以後去洗澡。我呢，因為約了琳達晚上要去逛街，所以換了衣服就出門了，一路上覺得心情特別沉悶。見到琳達後，跟她聊天也有一搭沒一搭地回，逛街也心不在焉。直到一起吃宵夜，琳達才問我，是不是遇到什麼不開心的事？和李蘇吵架了？

我搖搖頭，琳達繼續說：「那妳幹麼一副要死不活的樣子，以前逛街時妳可不這樣的，妳說，妳是不是移情別戀了，因為不敢跟李蘇說，心情正處在無比糾結中？」

我撇撇嘴，告訴琳達沒心情開玩笑，琳達便開始認真地關心，問我到底怎麼了。我其實也納悶，自己到底怎麼了？李蘇回來的前一秒，我還開開心心地看電視，想著晚上要怎麼敗家呢，怎麼他一回來我就……對，沒錯，就是他回來之後。

我像突然發現寶藏一樣的表情，嚇了琳達一跳。我把想法跟琳達講了一遍後，她邊吃她的椰奶布丁邊撇著嘴說：「妳當初不是說人家李蘇這好那好，十分迷人，尤其是他那憂鬱的眼神，瞬間秒殺妳嗎？」

話是那麼說沒錯，可眼神憂鬱只是外在，誰知道他連內在也這麼憂鬱。一點小事就抱怨，要不就恐慌，每天嘆氣，超強的負能量，都能直接把歡樂的迪士尼樂園「感化」成殯儀館。我真心覺得自己微不足道的正能量即將被他消磨殆盡，不難想像，過不了多久，我也將成為一個十足的憂鬱女，搭捷運時沒事就嘆氣，看個電視劇也得感慨個八小時……

琳達聽完我的話，笑了笑說：「妳大學時不就知道李蘇是怎樣的人嗎？他這種男人，就跟那家新開的甜點店賣的甜甜圈一樣，好看不好吃。那時候多少小女生成天跟在屁股後面追他，說就喜歡他那憂鬱的樣子，妳那時候常掛在嘴邊說呢，現在怎麼樣，這憂鬱男不『好吃』吧。」

琳達一邊挖苦我，我一邊開始思考到底該怎麼辦？繼續這樣下去肯定不行。

琳達看出我的想法，對我說：「妳可千萬要保持妳的正能量啊，別讓李蘇把妳也弄憂鬱了，不然你們倆一起憂鬱那還得了，妳要用強大又樂觀的心態去感化他。」

我笑了笑，管他呢，反正我知道自己不是憂鬱女就好，好心情快回來，快回來……

憂鬱男這個族群很怪異，怎麼說呢？據非正式的調查顯示，台灣有超過百分之六十的女生將自己鍾愛的男生類型留給了憂鬱男。她們覺得這種男人不像孔雀男那樣招搖，但也不缺乏自信，眼神中總是流露著迷離與淡淡的憂鬱，深邃而迷人，總有一種讓人想去猜測他們的衝動。

所以，總體來說，憂鬱男屬於很受歡迎的類型，但這僅僅侷限在妳未和他真正長期相處之前，那種未揭開面紗的神祕感總是讓人充滿幻想，可一旦面紗被揭開呢？打個比方，一個男人在街上走，正百無聊賴時，看到前方有一個身材窈窕的女人背影，穿著淡色紗質連身裙，裙子隨風擺動，雪白的肌膚若隱若現，此時男人心中一定充滿了各種幻想和猜測。這時候前方的女人對他來說是無比美麗的，於是他迫不及待地喊住女人，不料女人一回頭，長相「驚人」，你說他有多失望？所以很多聰明的男人在路上若看到美麗的背影，從不想一探背影主人的真面目，寧願欣賞眼前的片刻美好就夠了，誰知道下一秒會不會受到驚嚇呢？

話有點扯遠了，之所以說這麼多，其實就是想表達和憂鬱男相處前後的落差對比。

憂鬱男最大的特點就是從早到晚「唉！」這是他們的口頭禪，就跟吃飯上廁所一樣，一天不唉幾次都不行，有時甚至連他們自己都不明白，哪來那麼多的氣可嘆。憂鬱男對生活總有諸多抱怨，但與龜毛男不同，他們不會喋喋不休地說出來。相反地，更多是壓在心裡，於是越想越不通，越想不通就越憂鬱。以前總不免猜想，滿臉憂鬱的男人是為了吸引女人的注意而裝深沉嗎？和李蘇相處後我終於明白，那絕不是裝的，是發自內心的，是真心的鬱悶啊。

所以，和憂鬱男相處，妳得有一定的正面能量，不然你們兩個人一起鬱悶，很有可能危及人身安全哦。

樂觀的心態對結交憂鬱男朋友來說至關重要。樂觀的心態就像是你們之間的調和劑，除了能夠黏合你們的感情，也能減少妳被同化的可能性。美國史丹福大學心理學教授 Martinez 曾經做過一個實驗，分別找來十名性格憂鬱的人，和十名性格開朗樂觀的人，將他們兩兩分組，其中三組均為一名憂鬱的和一名樂觀的組合，其他兩組則分別為兩個憂鬱的和兩個樂觀的組合，讓他們密切地生活在一起。兩個月後，對他們分別進行心理調查及實驗，發現樂觀與憂鬱的那三組中，其中有個憂鬱者的性格有了輕微的改變，對比之前的心理測試明顯樂觀了一些，而三位樂觀的性格也有了輕微的改變，相較他們之前的測試，略有憂鬱的傾向，但並不明顯。而樂觀的那組自然都更樂觀了。至於憂鬱的那組可想而知，兩個人的測試結果相較之前都有很大的變化，個性更加憂鬱……

由此可見，兩個人相處勢必將影響彼此的個性發展。因此當妳和憂鬱男交往時，一定要做好正確的心理建設。怎麼做呢，就是每天對自己進行心理輔導，不要受憂鬱男的影響，不要他一唉聲嘆氣，妳的心也跟著沉悶起來，那樣的話，你們倆的心態只能一起走下坡，到最後妳也成為一個憂鬱女就不好了。

正確的方法是，日常生活中將妳和他的心情盡量分開，不要受他的情緒影響。當然做起來並不容易，兩個人相處難免會相互影響，但妳要告訴自己，他的憂鬱是個性所致，在理解與接納的同時，要盡量保持自我心態的樂觀，不要受不良情緒影響。並且要知道，妳的樂觀心態可以影響男友，當他鬱悶嘆氣時，妳不妨發揮些小聰明，講一些開心的事情與他分享，並以身作則，讓他看到妳如何處理不良情緒，所謂「近朱者赤」就是這樣的道理。

給他足夠的空間自憐自哀

咖啡館內，我和琳達還有阿尤三個人喝咖啡，阿尤邊滑手機邊問我：「妳不是和李蘇約好去看電影嗎？怎麼又把我們約出來喝咖啡？」

「因為太思念你們了唄。」我也滑著手機說。

「少來了，妳哪次不是一戀愛姊妹都滾開，快說怎麼了？」阿尤放下手機眼睛盯著我。

「哎，不用問了，肯定是又發作了對吧？」琳達在一邊接話。

我聳聳肩，點點頭當默認，琳達便把上次的事情和阿尤說了一遍。

其實我和李蘇的確是約好了去看電影的。只是臨出門時，不知道他哪根筋不對，突然鬱悶神上身，萬般憂鬱難耐，把自己往書房裡一關，連話都不跟我說，直接發簡訊給我：親愛的對不起，今天能不能先不去看電影，突然沒心情了。

這時候的我已經洗完澡、化好妝、穿好衣服，準備好約會的心情。面對這種情況，我一般會有兩種態度，第一種，把手機往沙發上一丟，大步走到書房門口，用力把門推開，雙手叉腰站在門口，質問他到底怎麼回事，說好的事情怎麼又變卦，有什麼事情就趕緊跟我說，不要沒事就耍我，天天裝林黛玉有完沒完啊……我已經想好了，當我這樣說完第一回合後，他肯定會一言不發、憂鬱地看著我。沒關係，我口水多，第二回合也已經準備好了。就這樣第二回合和第三回合都說完後，我推算他也憋不住了，我倆的戰爭馬上就上演。但憂鬱男有一個特徵，他們不喜歡爭吵，所以他頂多和我嚷嚷兩句後就摔門而去，心裡還會充滿怨恨，為什麼就是找不到一個能理解自己的女人呢？

第二種，我依然把手機往沙發上一丟，大步走到書房，用力把門推開，問他遇到了什麼事情嗎？他一定會一臉憂鬱又充滿抱歉地看著我，沉默至少二十秒後，搖搖頭，這時候切記什麼都不要問，給他一個微笑退出去，之後妳該幹麼就去幹麼，等他自己那片烏雲散去之後，自然就好了。

我當然選擇第二種，但考慮到妝都化好了，乾脆把琳達她們找出來喝咖啡吧。

大約四、五十分鐘後，李蘇打電話來，問我在哪裡，又說要不要一起看電影。妳看吧，憂鬱男就這樣，一陣一陣的，憂鬱是他們的天性和本能，有時妳無法讓他們不憂鬱，還不如給他們空間，讓他們盡情憂鬱個夠。

和憂鬱男相處有時就是這樣，妳一定要學會控制好自己的情緒。誠然，我非常瞭解那氣憤和沉悶的程度，妳一定要把持住，不要人家這邊林黛玉的姿勢剛端起來，妳這邊就已經準備好開戰，那只會讓事態更加嚴重，絲毫無法解決問題。

看過《紅樓夢》的人都知道，林黛玉也是一陣一陣的，可能上一秒還和眾姊妹們聊天，下一秒就把自己藏起來自憐自愛。憂鬱男也是這樣，但不同的是，林黛玉是憂鬱給賈寶玉看的，但憂鬱男是憂鬱給自己看的。他的憂鬱有時不對人也不對事，就是性格所致。這就跟樂天派的人一樣，有事沒事都跟中了大獎似的，妳可能沒法理解怎麼他笑點就那麼低，沒辦法，他其實不需要妳理解，人家自己笑得挺開心。

憂鬱男也是，不要去糾結他為什麼憂鬱，妳得不到具體答案的，因為連他自己也不知道。而且大部分憂鬱男在發作時，都不喜歡女友在身邊沒完沒了地問重複的話，那樣只會讓他們更加煩惱。本來嘛，他其實是在自我調整，就跟大師每天打坐參悟一樣，他也是透過不定時的憂鬱發作來參悟人生。妳在一邊嘰嘰喳喳個不停，自然不討人喜歡。最後他只好甩門而去，獨自坐在酒吧喝悶酒，可能還會覺得：這活著太鬱悶了，連個能清清靜靜鬱悶的地方都沒有。

綜上所述，好女人要懂得給憂鬱男足夠的空間，讓他們能夠盡情地自憐自哀。不要誤會他每天面對妳鬱悶個不停，是不是不愛妳了？身為他的女朋友，總不能對他的鬱悶視而不見吧？首先，第一個疑問妳大可以去掉，對憂鬱男來說他們絕對不會，或者說很少會在關係不夠密切的人面前大展憂鬱。因為雖然個性憂鬱，但他們卻很在意在外給人的整體觀感，所以他在妳面前展現各種鬱悶狀態，其實代表了他對妳的信任和依賴。

其次，妳可以適當地關心他，詢問狀況和原因，如果他願意和妳說，他就會告訴妳，但如果他不想跟妳說，就算妳打破砂鍋問到底也沒用。所以，疑問的話兩遍即止才是有智慧的，妳可以默默地為他端一杯他喜歡的飲料，然後去做自己的事情，不必過分在意他的鬱悶。如果你真的和憂鬱男相處，相信妳也不會太在意他鬱悶這件事，因為一個月來個一兩次，妳會關心著急，但要是一個月來個十幾次，甚至幾十次，大概妳也麻木了。

在某些時刻要能扮成「知心姊姊」

我始終相信，女人一定要留給自己一個下午的時間，看看書、聽聽自己喜歡的音樂，或者什麼都不做僅僅是發呆。尤其是跟李蘇在一起之後，因為他偶爾憂鬱，所以我就會在這段時間做自己想做的事情。我會戴上耳機聽喜歡的音樂，來杯花茶看本書，女人啊，就要保留時間給自己。

下午當我正在聽音樂時，李蘇突然蹭過來坐在我身邊，要我跟他說說話。我摘下耳機等待他跟我說話，但許久他仍然沉默，一言不發。我感到很沉悶，因為我是一個性格比較大刺刺的人，有話就直說。但李蘇卻是一個喜歡把話保留一部分的人，甚至未開口情緒先流露，給人的感覺就好像便祕一樣，當然不舒服。

那時我的心裡有一個魔鬼和一個天使在拉鋸。

魔鬼：問他兩遍，到底說不說，就算你是我男友，也不能逼我這麼沉悶，偶爾便祕吃點瀉藥就行，天天便祕有誰受得了？一句話，愛說不說，不說你就繼續鬱悶你的，我戴上耳機繼續欣賞我的音樂。

天使：多給他點時間，問他兩遍，如果還是說不出來，就在一旁靜靜地等待。如果他最後什麼都沒說，那就不問，乾脆陪他出去散散步，或者放一首他喜歡的音樂，安靜地陪伴就好。

很不巧，這一次我沒忍住，我的魔鬼戰勝了天使。我在追問好幾遍未果之後，表現出極度的不耐煩，而李蘇則一副很受傷的樣子，留下一句「其實沒什麼」轉身回書房，說有報告要寫。

我獨自坐在客廳，但也沒了聽音樂的心情。一邊在心裡暗罵李蘇，怎麼就那麼多事，要說不說的；一邊又悔恨自己，怎麼這次天使的武力這麼弱，一下子就被魔鬼打敗了呢？

可事情已經發生，能怎麼辦呢，唉，誰教我們是情侶呢？我在外面走動了半天，最後悄悄地走進書房，蹲坐在李蘇身邊。我看著他，表現出足夠的誠意，希望他能看得到我眼睛裡快要流淌出來的歉意。其實憂鬱男多半也很敏感，他們倒不會像敏感男那樣習慣捕風捉影，但卻同樣懼怕被人忽視或拒絕，雖然絕大部分被拒絕的人，往往是和他們相處的人。

如何讓憂鬱男更喜歡妳呢？那就是千萬不要被他們的外表所蒙蔽，有時看到他們很man的外型、深邃的眼睛和時不時憂鬱的樣子，一定會認為他們是那種完全可以獨當一面，甚至偶爾有些霸道的人。其實並非全部如此。誠然，他們有些時候會渴望有獨立空間施展憂鬱。但也有那麼些時候，他們脆弱得像個小男孩，這時他們會去尋求外援，找到他們認為對自己來說最重要的人，渴望從對方那裡獲得安慰與幫助。但憂鬱男們又比較大男人主義，所以在表達時通常會像個姑娘一樣扭扭捏捏，欲言又止。

這時候妳一定要給他足夠的耐心，就算到最後他什麼也沒說，妳也不妨靜靜地陪他待一會兒，要知道，這種默默陪伴的力量同樣很強大。

在與憂鬱男相處時，尤其是當他尋求妳的安慰，或打算與妳分享內心的鬱悶時，切記千萬不要問題問個沒完。他說什麼妳儘管聽就是了，當然這期間妳完全可以發表妳的看法，表達妳的態度，但是不要把自己變成老師的角色，給他一頓批評指教。即便妳清楚得很，他明明就是在無病呻吟，也不要指責什麼，更不要刻意去改變他的想法，要知道，二、三十年他都是這麼過來的，即使改變也絕不能急於這一時半刻。

相反地，此時妳應該多傾聽，把自己當成「知心姊姊」，讓他盡量地表達，而妳只需要偶爾回應，當妳不同意時，也不要直接指責，可以委婉地表達妳的意思，即便他當下堅持己見，但下次他自己獨處時也會思考妳的話，這才是正確的方式。

♥女人如水，我要凍結「憂鬱」

這天一下班急急忙忙開始收拾，還沒走到停車場就接到了琳達的電話。接起電話，我還沒開口，那一頭就開始嚷嚷起來：「喂，安小萌，妳什麼意思啊，週末連打兩天電話給妳都是收不到訊號，今天打了還給我掛掉，後來更直接關機，是怎樣？」

我這才想起來，上午琳達是打了一通電話，剛巧那時在開例會，按掉後就一直忙，連手機沒電自動關機也沒注意到，下午充完電想著給琳達回電話，結果又忘了。

我趕忙解釋，說週六日收不到訊號是因為和李蘇去露營了，那個地方收訊差。

但無論我怎麼解釋，琳達的火氣絲毫沒有減少。我知道她是關心我，隨後她也表達了自己這麼氣憤的原因：「妳說，妳跟一個極品憂鬱男在一起，沒日沒夜地生活在唉聲嘆氣和各種負面能量中，雖然姊妹們知道妳是天生樂觀、百毒不侵，但天曉得你們會不會一時想不開，覺得生無可戀、人生無常……」

我一聽琳達這麼說，就知道她肯定又要開始跟我長篇大論了，於是趕忙跟她說我準備要開車回家了，沒什麼事的話改天聊。可想而知，琳達自然是一肚子苦水抱怨我沒良心之類的，我告訴她最近行程滿檔，今天回家後，和李蘇約好了一起去我住在鄉下的姑媽家玩幾天。

琳達不解，怎麼憂鬱男變成樂活男了？當然不是，只不過我無法對他的憂鬱坐視不理，決定找尋對策化解他沒完沒了的唉聲嘆氣，至於如何得知妙方應對這件事，我告訴琳達過兩天見面談。

掛掉電話後直奔回家，李蘇也剛剛到，我把車停好後，開著他的車朝著姑媽家去。姑媽家在鄉下，明天李蘇休假，我特地為此也排休了一天，為的就是佔滿他的空閒時間，讓他時時刻刻有事可做，沒閒心思耍憂鬱。

我是怎麼想到這個方法的呢？當然不是自己打坐參禪悟來的。而是我背著李蘇偷偷查了很多網站，還在一個女同事的介紹下去看了心理醫生，當然女同事並不知道我是要替男友尋訪醫生，要知道無論任何時候，有些祕密是只屬於妳自己的。

還記得那天去看心理醫生的情景，我幾乎是躡手躡腳地走進醫生的診間。在幾番醫生詢問而我支支吾吾回答之後，才終於進入正題，我把對男友的種種顧慮都跟醫生說了一遍——「你說他天天這樣會不會演變成憂鬱症？你說他總是這樣是不是對目前生活不滿意，是不是也包含對我這個女友不夠滿意？你說面對這樣的男人作為女友的我該怎麼辦？你說……」

我一口氣問了十幾個問題，然後，醫生擺擺手，示意我先住嘴。我想如果法律能允許毫無理由地打人，眼前這位四十多歲的醫生，一定會把我從椅子上拉下來一頓狂扁。

透過我的敘述，醫生認為李蘇只是天生個性所致，可能與他的家庭背景、生長環境有關，並沒有到達憂鬱症的程度。他告訴我，鬱鬱寡歡是現代都市男女常有的不良情緒，如果能夠及時疏導就不會有不良的影響。

問診結束後，我花了兩個晚上規畫了未來兩個月的假期安排。想法很簡單，就是計畫把他的時間全部排滿，讓他沒時間可憂鬱。當然，其實醫生告訴我很多方法，但綜合自身的條件和能量，我認為最容易做到的，就是把憂鬱的李蘇當成失戀的女人對待。女人在失戀時，一旦閒下來就是惆悵回憶，不停胡思亂想，說不定還要一哭二鬧三上吊。這時候最需要身邊有朋友，或其他的事情來填滿她的生活，轉移她的注意力，不然怎麼有人說，終結失戀痛苦的方式就是趕緊開始新戀情呢？倒不是新戀情多麼吸引人，只不過是利用新戀情轉移失戀的痛苦罷了。

憂鬱男的種類很多，在選擇憂鬱型男人時務必要謹慎判斷。千萬不要看到男人有一雙憂鬱的眼神就不能自拔，什麼海誓山盟一下子就決定非他不嫁。要知道，有些憂鬱男可以選，有些憂鬱男選了是得不到幸福的。

那麼，對於那些尚未到達極品程度的憂鬱男，和他們相處時要怎麼做才能不那麼「悶」呢？

首先，妳要樂觀開朗。我經常想，如果林黛玉的丫鬟是我，她肯定死不了。因為我一定會積極地開導她，而不是她一嘆氣傷心，就附和她悲傷難過，這樣一來，心情能好起來才怪呢。

所以，不想悶的方法之一就是，讓他憂鬱他的，妳要懂得自娛自樂，並且帶動他一起參與，改善心情。

其次，人怕閒，一閒想的就多，所以盡量不要讓他閒下來，只要有機會就安排好活動，實在無聊就去逛公園吧，看到阿貓阿狗就帶著他一起期許未來——我們也來養一隻，帶著牠來逛公園；看喜劇電影；和一群朋友們去露營，and soon，總之所有積極正面的活動均可，但千萬別觸碰到他不好的回憶，到時他憂鬱起來妳可難收拾善後了。

最後，花點時間找出他憂鬱的原因。當然，對於憂鬱男而言，任何原因都可能讓他們憂鬱。不過即便如此，妳也要耐心滿滿，拿出對待小孩子的態度來對待他，如果他遇到什麼不開心的事，妳要盡量去瞭解究竟是什麼事情。為什麼要這麼說呢，因為憂鬱男一旦憂鬱起來，跟林黛玉真是不相上下，面帶愁容欲言又止，所以呆頭呆腦的賈寶玉老猜不到，不過妳一定要做個機靈精明的「賈寶玉」，這樣妳的林妹妹才不會「香消玉殞」，也會更感激妳的體貼對待，「對妳愛愛愛不完」。

8 Chapter

孔雀男

和

他誇也誇不完的「優點」

隨時「開屏」是孔雀男的拿手好戲

孔雀男，顧名思義，就是那些愛打扮，注重外表，熱衷精緻生活的男人們。和這樣的男人在一起，妳必須做好心理準備，要能「不卑不亢」，就算他質問「妳是不是女人啊，活得這麼邋遢？」妳表面可以什麼都不說，但內心一定要千百遍地告訴他：「我當然是女人，而且是一個有品味、懂生活的美麗女人。」

想找孔雀男，妳得有堅強的自我認知

認識王哲時，我正在為找一份合適的工作而發愁。前一段時間離職，拚命找工作卻杳無音訊，每日灰心失望，現在回想當初的狀態，日字過得真是灰頭土臉。

那日，好友琳達找我去她家吃飯，哪知道，她找我去她家裡吃飯，還叫了別人，叫了別人還不告訴我，最後可把我害慘了。

我和琳達算是生死之交，高中時被她慫恿跳牆蹺課，結果她跳下來沒事，我跳下來直接摔了個狗吃屎。結果這蹺課直接進了醫院裡，昏迷兩、三日後得知，自己狗吃屎時扭傷了頸椎，雖然已經脫離危險期，但自那之後我再也不敢爬高，走樓梯都不敢兩階兩階地邁步，下樓梯時也必定緊緊握住樓梯扶手。而琳達呢，從此也自稱為我的生死之交，其實就是在我生死之際與我有過交集的意思吧。

由此不難看出我對琳達的信任，這次也不例外。我頭沒梳臉沒洗，套了件男士運動衫就站在她家門口，斯文地按了兩下門鈴沒人回應，便開始一副流氓討債相，「喂，有沒有人啊……」用力地敲門。

過一會兒門開了，一個男人出現在我面前，定睛一看，這絕對不是琳達，她就算是整容也不能變性啊。正當我思緒萬千時，琳達出現在男人的身後，門被整個打開了，我向二人身後一張望，頓時出現一種瀕死的感覺。琳達的家裡還有幾個人，粗略一瞥，客廳坐著一男三女，先不說長相，從穿著來看就是精心打扮過的，要我這個套了件運動衫還男士款的人如何進門？要我把女人天生的驕傲放在哪裡？

正在我思考時，琳達已經毫無顧忌地把我拎進屋子，我只聽見門被重重地關上，迎面而來的，是對面那一群陌生人異樣的目光，我知道他們在想什麼——「這醜妞是誰？」、「誰啊，真沒想到琳達會認識這樣的女人」……但當我將目光轉移到幫我開門的那個男人身上時，我更加氣憤了，他壓根沒看我，那意思更加明瞭，我根本連他的眼都入不得。

隨後我從琳達的介紹中瞭解，以上幾位均是她的同事，閒來無事聚一聚，其中那位正眼都沒看我的男士，便是他們公司的商務部經理王哲。

吃飯期間，無論我們聊什麼話題，王哲都能非常流暢地扯到自己身上，並運用各種學識將自己誇獎一番。琳達介紹我唯一的特長——會寫點無病呻吟的文字。王哲就開始和我探討歐洲文學史，我絞盡腦汁回答了幾個問題後，他又繞到國外的劇本創作上，東扯西扯，我實在招架不住，我不過是會寫點東西，又不是古今通史。可沒想到此時他卻對我說：「其實也沒關係，以後有機會大家相互學習吧，在這一方面妳可以請教我，我在國外留學時還算瞭解。」只見他眉毛一挑，下巴一揚，我只得強壓怒火，這男人以為自己是誰啊！我不懂的就是不想懂，請教你做什麼？而且誇讚的話應該讓別人來說才對吧？

隨後我們又從文學、電影將話題轉到購物、潮流、書籍，甚至彩妝。真沒想到，這位王哲處處體現了「鬚眉不讓巾幗」啊，讓在座幾個女人啞口無言。後來琳達跟我說，她們其實早就習慣了，王哲天天都這樣。我聽著琳達的話，眼前出現了這樣一個畫面——王哲化身一隻藍色孔雀，翹著他那自認為完美的雀翎，趾高氣揚地走過我面前，轉身之際還不忘開個屏，以顯示他那無可比擬的美麗，當我被他的孔雀翎撲滿臉的同時，他還不忘問一句「我美嗎？」。

chapter 8
孔雀男
和他誇也誇不完的「優點」

「你美，天下第一美，你就是那上天入地、獨一無二的孔雀男啊！」

我心想著，只回給琳達一個眼神，我們多年「出生入死」的友誼讓她瞬間就明白了我的意思，向我認同地猛點頭。

女人嘛，總是得有點「上進心」，有過一次在人前「敗相」的經驗之後，絕不能再輸。因此一週後，琳達約我一起喝下午茶時，我特地要她在公司裡等我，本小姐要精心打扮後走進她的公司，為自己扳回一城。

那天我早上八點起床，敷了美白鎖水面膜，翻出足足十幾套衣服來換，雖然每套我都不是很滿意，但也足以讓她公司那幫男男女女大為驚訝。

一進公司大門，我就看到那天在琳達家打扮得花枝招展的櫃臺小姐，上前給了她一個千嬌百媚的微笑後說：「我找琳達！」

「琳達姊在辦公室，您是？」櫃臺小姐試探地問。

「不記得我啦？我是小萌……」切記音量一定要刻意拉長些，讓看扁妳的人心中出現強烈的對比，越強烈越好，眼鏡不怕跌，就怕跌不破。

我迎著櫃臺小姐驚詫的目光，按照她指的路來到琳達辦公室。大公司真的不一樣，琳達也真好命，有個厲害的老爸，一畢業就能被推薦到他老爸朋友的公司擔任部門主管，真是「生活苦不苦，比一比即知」啊。

琳達的辦公室裡還坐著一個人，正是那位十足的孔雀男王哲，看他蹺著腿坐在沙發上看資料，這麼一看，確實有那麼點帥氣。

見到我後，王哲也絕對滿足了我的用心。想想看，連孔雀男都稱讚了，我是不是真要開個派對慶祝一下。就這樣，我們三個人去喝了下午茶。一來二去，我竟然覺得王哲除了自視甚高以外，倒也不全是缺點。

琳達看出我的小心機，晚上就和我視訊，告誡我：「孔雀男不能惹，尤其是這種有點長相、有點經濟基礎的類型，因為他知道自己有資本在妳面前『蹺腳』啊，妳想無視都不行。妳是不知道，王哲的前任女友據說豈是一個『慘』字能形容，跟王哲在一起兩、三年，天天被變相『貶低』，日日被『摧殘』。最後居然來公司，哭著求王哲跟她分手，說自己配不上王哲，希望王哲找到真正屬於自己的幸福……情真意切，楚楚可憐，妳難道想步她的後塵？」

琳達說的沒錯，孔雀男最大的特點就是心高氣傲，愛美如痴，尤其是愛他自己的美。雖然這個世界上人無完人，但他堅信，自己絕對是最接近完美臨界點的那一個。和女友相處必定處處挑剔，就算他條件高些，不過分挑剔，也必然不斷自誇直到妳無地自容，漸漸地，妳真的會以為他就是那麼個近乎神的男人了……

不過，我小萌是誰，別人不敢挑戰的，就是我必須要挑戰的，我的人生信念就是讓驚嚇來得更猛烈吧。於是乎，在搜索完孔雀男的特徵之後，我決定放手一搏，他王哲就算是火坑我也跳了。這年頭最難找的就是「郎有情妹有意」，更何況我小萌別的優點沒有，正確的自我認知還是有的，就算他天天沒事就損我，有空就表揚自己，我堅信我也能百毒不侵。

孔雀男，顧名思義，就是那些愛打扮，注重外表，熱衷精緻生活的男人們。他們之中有一些妳一定要放棄，因為他們是會和妳爭寵，同樣也喜歡男人的「姊妹」，還有一部分則是還算「man」的一級挑剔狂。

和這樣的男人一起生活，妳必須做好心理準備，聽著他每天晚上在妳洗完澡後慘叫一聲：「天啊，妳的頭髮為什麼不清一清，地上全是，真的太邋遢了……」想想看，日日如此，妳是不是會抓狂，或者以為自己真的有多邋遢；早上妳會發現，他起得比妳還早，佔用洗手間「濃妝豔抹」，又在看到妳素顏後，挑剔地說：「我晚上有聚會，妳該不會就這樣跟我去吧？別嚇人了，趕緊去敷個面膜。」

敷完面膜妳又會發現，人家把早就挑選好的衣服換上，而妳卻在衣櫥前發愁，剛拿出件「小藍」，就被他說：「放下，快放下，不適合，不好看……」當然這都不算什麼，家裡畢竟只有你們倆。最讓人無法忍受的，可能就是外出吧，妳會不時聽見他對自己的肯定，更有一些孔雀男會逢鏡子必照。一起挑選衣服，他總是在妳試穿好衣服，自信滿滿，覺得很漂亮時，一邊搖頭一邊裝無辜地說：「親愛的，怎麼會挑這件呢，太沒品味了……」接著在櫃姐的注視下，妳接過他挑選的衣服，邊換邊開始質疑自己「真的那麼沒品味嗎？」

久而久之，妳猜如何？

兩個結果，One：妳被他唸得實在受不了了，最後像個母夜叉一樣發飆，妳會痛罵他，「對，只有你最好的，你最美，你懂生活，有品味，我就是一個鄉下村姑，登不了你的大雅之堂，所以，我們就此結束，我走我的陽關道，你過你的獨木橋。」臨了妳還得詛咒一下，希望他走的獨木橋受潮發霉，走到中間就斷，讓他嚐嚐「落水」的感覺。

Two：妳開始質疑自己的生活，覺得自己真的沒品味、不懂生活、不像個女人，無法帶給眼前這個優秀男人幸福。於是妳開始感到悲傷，看著他那「卓越」的背影就心痛，不願意和他一起出門，怕讓他丟臉，臨走前妳還得留個千言書，告訴他妳是多麼愛他，只怪自己配不上他。

那麼孔雀男會如何呢？面對前一種突然發飆的，他絕不還口。因為從妳發飆那一刻起，他心裡就確定你們真的不是一國的，縱使有感情基礎，可人家更明白長痛不如短痛的道理，好聚好散吧。第二種呢？孔雀男會更加確信自己「怎麼我就這麼完美呢？」。他不是不愛妳，不是對妳沒有感情，只是命運弄人，妳不懂他的世界。

這麼說，什麼樣的女人才能和這樣的男人一起？其實，要愛上這樣一個人也不難，但妳必須要有足夠的自我認知。內心要明確地知道自己是個什麼樣的女人，要能「不卑不亢」，不要人家說妳什麼妳就是什麼。換言之，妳的內心必須是「孔雀女」，就算他質問「妳是不是女人啊，活得這麼邋遢？」妳表面可以什麼都不說，但內心妳一定要千百遍地告訴他：「我當然是女人，而且是一個有品味、懂生活的美麗女人。」這樣妳就具備了征服孔雀男的「金鐘罩」，內心能量要夠強大。

♥ 投其所好，拉近距離

喜歡一個人的感覺，當我十五歲時，是渴望靜靜地看著他，看他在球場上打球，偶爾轉過頭來朝我微笑，操場上故意撞我一下，然後裝作若無其事地走開，找個理由非要我請他去吃冰……沒錯，那是屬於青春時代我的夢想，現在想來似乎是錯過了。現在二十七歲的我，正在經歷感情和工作的雙面空巢，沒了那麼多對愛情美好的幻想，反而變得實際。這種實際表現在愛情中就是：很多情況下，妳不再去期待對方給妳的感覺是不是真的喜歡，而是只要彼此有些許好感，妳就想著要不在一起試試看吧。這可能是年齡帶給我個人的副作用，當我察覺自己對王哲有好感之後，我所做的不再是像少女那般等待感情發酵。我想自己去證明我們是否合適，因為我認為，已沒有太多時間去驗證我們適不適合，與其等待不如主動出擊。

這是這麼多年來，我第一次想要主動追求一個男人，他並非那麼優秀，或許只是他對生活的挑剔和自大，燃起了我身為女人的鬥志吧。

那次下午茶，我們互相加了彼此的臉書。之後我總會不時在王哲更新的動態下留言，我要做的其實很簡單，就是肯定他精緻的生活，當他擺了自認為特別帥的造型後，我就按一個「讚」。

而另一方面，我以前總是在臉書和推特上發一些個人的抱怨牢騷，甚至自爆醜照，引來一群朋友們的奚落，在留言欄裡互損彼此。但此時我刪掉了之前的種種醜態，換上自己回家做的各種菜餚圖片，再用Photoshop美化一下，生活立即顯得精緻了不少……果然，王哲也會在我發完圖片後回覆幾句，有時調侃說真想嚐嚐我的手藝；有時則告訴我，哪條街上的哪間咖啡店不錯……

起初，我只是想在這樣一個追求品味的男人面前，表現得精緻一些。爾後我漸漸地發現，這種本來近乎做作的行為竟然無形中改變了我的生活。我不再抱怨生活，而是發一些在不少朋友眼裡更像是「閒著無聊」的生活細節。比如雜誌上看到一句有感覺的話就記下來發個動態，在咖啡店喝咖啡拍一張黃昏時分的照片上傳，下面寫點「無病呻吟」的文字……不少朋友甚至誇張地打電話問我是不是被「阿飄」附身，竟然習性大變，走起「文藝路線」來，我只在電話裡一笑了之。

以前抱怨起來沒天沒地，覺得生活處處不如人意，如今不抱怨，倒也覺得生活沒那麼糟糕了。起初為了「做作」給王哲看的下廚烹飪，本只是想拍張圖片，到後來竟然也成了我每週必做的事情。自己給自己做一道新的菜餚，味道好不好已不重要，重要的是，妳的腦子竟然可以在品嘗那道菜餚時突然放空，一切關於「妳幾歲的人了居然沒工作……」、「怎麼還不找個人結婚」的種種煩惱也都不復存在了。

而我和王哲之間，也從原來的幾日一次回覆，轉為幾日一通電話，到幾日約著一起喝喝咖啡……

原本那個邋遢的我，每次要和王哲見面時，都要早早起床，化妝、搭配……當然我發誓，我絕對不是那種不化妝就見光死的女人。只是妳也知道，約會對象是個孔雀男，人家一身光鮮亮麗的，就算排除掉私心，做為一個女人，妳也無法承受你們一起走在街上時，迎面而來的人一邊「嘖嘖」妳身邊的男人穿著挺精緻，一邊「嘖嘖」怎麼他會選擇和妳這種不修邊幅的女人一起。甚至讓人家懷疑，你們是不是靈魂對調了，本該精緻的女人弄得像個男人似的；而即便邋遢大家也會網開一面的男人，弄得卻像個大姑娘似的「唯美動人」。我可不是在抱怨，一個男人何必非要把自己弄得那麼精緻，男人也是人嘛，有權力在美麗時美麗，只是我的確也很想問，「喂，每次都弄得像新郎似的出門，是把我當成了新娘，還是你其實想給我個下馬威？」

就這樣，每次早早起床打扮，每次還是遲到。到達約會地點時他已經等在那裡，眼神裡流露出些許不高興，我只得打哈哈地告訴他：「男人等女人是天經地義的嘛，再說能等我是件多麼幸福的事啊。」但我心裡卻在想：「有什麼好不高興啊，真是的，若不是你要求那麼高，我有必要早上五點就起床梳妝打扮嗎？昨晚上還因為各種情緒糾結得一宿沒睡，生怕自己技不如你，輸了面子，輸了好不容易建立起來的感情。現在你還敢不高興，真想送你精美鞋底一副，直接巴在你臉上，看看你臉上的粉會不會剝落一地！」

當然抱怨歸抱怨，這樣做全都是我自願的。或許有人覺得我有點小犯賤，但人生在世，想幹什麼就去做吧，哪怕是犯賤又有何不可呢？

一次我和王哲約會，正好撞見了算是我們紅娘的琳達。她見到我時，那表情真是難以形容的驚訝，就好像半夜見到鬼一樣，嘴還微微顫抖著。若不是我大聲喊住她，她說不定會做出什麼不受控制的事情來呢。我們一起在就近的飯店吃飯，期間王哲去洗手間，琳達就又恢復剛才的表情，問我到底哪根筋不對勁，難道真的要為男人大換血？還問是不是那個挑剔王把我變成這樣的？我低頭打量了自己一番，如果換做三個月前，我一定也以為自己見鬼了，不過此時我倒是很習慣自己的樣子了。仔細回想，其實王哲從未要求我如何做，他只要求自己，每次約會都要展現最好的一面，而我只是做到和他相匹配，這是我能力範圍之內的事情。想到這些，我回問琳達：「現在的我不好嗎？」

琳達又打量一番後，跟我說，「當然好啊，比以前不知道漂亮多少倍，明豔動人，不過妳確定這是妳想要的嗎？只是不希望妳為了一個男人迷失了自己。」

我懂琳達的擔憂，不過我也樂於一點點地改變，人不就該是這樣嗎？不過，想到琳達那句比以前不知道漂亮多少倍，頓時火氣上來，瞬間變臉問：「我以前是有多醜嗎？妳給我解釋清楚，我現在也是裸妝，別把我說得跟粉臉怪似的可以嗎？在家靠Photoshop，在外靠補粉！」

琳達聽著我的話，拍拍我的肩膀，鬆了口氣竟然說：「好，妳還是妳，這就好，我就喜歡妳這種帶著幾分潑婦氣質的樣子。」

我本想繼續罵下去，恰巧這時王哲回來了，見我們笑著，就問原因，琳達笑言：「怕小萌跟你在一起會失去本性。」

「怎麼會，我也喜歡小萌的性格啊，妳分明是嫉妒吧，像我這樣接近十全十美的精緻好男人，錯過了以後再也遇不到了，哈哈。」王哲玩笑開得自信十足。

琳達聽著這話，豎起了大拇指然後扭頭看向我，我們都笑了，內心的真心話是：「是再也遇不到了，遇不到這麼臭美的了。」

其實想和孔雀男在一起，並非大家想的那麼麻煩。這樣的男人雖然很注重外表和生活細節，但他們眼裡並不是容不下瑕疵，只是不太能接受妳故意的放任。和這樣的男人相處，首先妳得明白一點，那就是一定要投其所好。當然，這也是和大部分男人相處的法則，讓他們有滿足感和成就感，是制勝男人的法寶，尤其是孔雀男。

因為對自己有足夠的自信，所以孔雀男同樣欣賞與他們一樣擁有自信的女人。而自信的第一點要點，絕對體現在一個人第一眼的外表上，這也就是為什麼我在與孔雀男相處時，總要花那麼多時間打理外表了。當然，如果妳認為感情就該順其自然，不想為了誰而刻意做什麼，那我只能奉勸妳，還是盡量離孔雀男遠一點，因為孔雀男對外在形象的要求還是比較高的。不是說女友一定要美若天仙，但至少應該要像他自己一樣重視外表。因為對大部分孔雀男而言，這是對自己生活，也是對他人生活的尊重，是熱愛生活的表現。

其實，拋開孔雀男不說，大部分男人不也如此嗎？誰不希望自己的女人精緻美麗呢。這也是為什麼，大部分男人在和女人相處很久之後感到煩惱，煩惱為什麼女人變得越來越邋遢，不注重外表。這不是男人愛慕虛榮，非要女人長得如何，穿得如何，其實只是他們對妳的另一種在乎。因為他們覺得，妳本來應該可以更美，或者希望妳能像誰誰一樣美，那妳為什麼不滿足一下他們的眼球呢？有句廣告語說得好：「女人，妳本來就很美！」何不讓自己更美麗呢?和孔雀男相處通常會給女人這種動力，因為妳不能輸給自己的男友。

投其所好的第一步，就是一定要有自信，展示妳最好的一面，就算這需要耗費幾個小時搭配服裝，擦掉眼線再畫、再畫……但妳也獲得了美麗的片刻，也算值得了，對吧。

面對孔雀男，投其所好的第二步也是相當重要，在妳所熟悉的領域中盡可能讓自己活得精緻。我們聽說喜歡一個男生，就要去瞭解他的嗜好然後和他聊相關話題，有了談話的材料就有了發展感情的基礎。但對大部分孔雀男來說，這招其實不太有用。當然，他關注的領域妳還是要瞭解，不能人家說什麼，妳都聽不懂，那他肯定會覺得妳索然無味，但不要試著去和他探討太多，也不要總是裝可愛問「為什麼、怎麼會……」孔雀男們一樣會認為妳腦容量不足，無法跟上他們的世界，因為他們有足夠的自信，認為自己在個人領域無人能出其右，所以，妳只需瞭解即可，不要嘗試和他們探討。相反地，妳可以從自己擅長的領域去加分，他們會反過來關切妳，對妳感興趣，這時候妳就可以和他們聊了，就像我的廚藝吸引法則。

最後不得不說，投其所好，拉近距離，一定都要有限度，建立在不讓妳失去自我的基礎上。就像琳達對我的擔憂一樣，遇到再好的男人，也不應該為了他改變原本的自己，妳可以促使自己越來越好，讓更好的自己被他愛上，但不要為了被誰愛上而先丟失了自己。

♥ 審視妳的生活，別做「魚干女」

半年後，我在王哲的強烈要求下搬到他的公寓住。在那裡我得到了公主般的待遇。每天早上起床，王哲都會做好早餐放在廚房，寫好字條，我則睡到日上三竿起床，把早餐當午餐吃掉。簡單梳洗一下，就坐在陽光灑落的露台寫我的專欄，對了，忘了說，兩個月前我找到了一份幫雜誌寫專欄的工作，不用進辦公室，剛好適合我的懶散。

但是和王哲這樣的男人相處，妳即便想懶散也懶散不起來。一段時間的晚睡晚起、暴飲暴食後，我和王哲一起去溫泉會所。泡完溫泉去做SPA時，我聽見幫我服務的小妹正在和服務隔壁床的小妹聊天。內容是在討論一個男人，長得帥，身材又好。兩個人小聲的聊天引起了我的興趣，這男人到底是誰呢？仔細聽下去後，發現好像正是王哲，因為王哲去的就是男賓七號房。他進去時我要他偷偷開視訊給我看，生怕他房間裡出現什麼奇怪的按摩小妹，結果只看到床上趴著一個大叔，正享受地接受一位男按摩師的按摩，這樣說來，這兩位小妹說的自然不是那位大叔，不然也太重口味了。

正當我怡然自得，打算一會兒讓王哲來女賓房入口接我，藉機炫耀一番時，幫我按摩的小妹突然問我一個問題，讓我頓時索然無趣。她一邊按摩一邊問：「小姐，妳要不要也試試我們那個活動？」

這話要從隔壁床的小妹和床上趴著的女人聊天說起。話說兩個小妹聊我家王哲聊得正開心時，隔壁床上的女人突然詢問按摩的小妹，打聽一些有關塑身減肥的事情，會所裡正巧有類似的活動，接著幫我按摩的小妹也問了我。我知道她沒有惡意，但這也暗指我的身材不好啊。我側頭看了看隔壁床的女人，她的確是需要塑身減肥。但順帶問問我，讓我半天接不上話，就有一搭沒一搭地問了問。走出按摩室，我穿好衣服，站在女賓入口的鏡子前照了半天，以至於從我身邊經過的女人們都向我投來白眼。我嘆了口氣，因為發現自己腰間果真是長了不少贅肉。

走進大廳休息室，王哲已經坐在那邊喝茶等我。我上前，命令他脫掉外衣。此時正值春夏交替，他只穿了件簡單的襯衫。這裡是溫泉會所的休息室，裸露上身穿行其中的男人為數不少，加上我再三請求，他雖然不明白怎麼回事，還是解開了衣服的釦子。我赫然看到他的四塊腹肌，頓時火氣就上來了，以前沒怎麼注意，果然身材不錯。孔雀男啊，你就是這樣打擊我們女人的自信心啊，怪不得王哲最近總是天天要我早點起床，和他一起鍛鍊，大概就是覺得我變胖了，也不明說。

從那日起，我每日都起得很早，跟著教學光碟一起練瑜伽。好處是身材越來越好，壞處是，早起真的很難熬。每週都會和王哲一起出去轉轉，可有時真的很累，就不太想打扮。雖然王哲也會反對，但最後也會依我，要我穿身運動裝，戴個棒球帽。但他呢，一如以往的裝扮，時間充足的話出門前還會敷個面膜。我每次都很想問他，是要去見總統嗎？結果每次這樣出門，我都備受煎熬，不僅被路遇的女人白眼，有時也會被男人白眼，十分受打擊。

回家後只好不停敷面膜，以彌補我受的傷。

以前我習慣把衣服堆在某處，一週一洗。但是現在和王哲住在一起，他每天都洗衣服，然後疊衣服，把衣服熨燙好放進衣櫃裡。作為一個女人，怎麼能像個男人似的大而化之呢？而眼前這個真正的男人，卻活得那麼細緻，我只好要求自己也那麼做。雖然有時真的覺得好累，累的原因是因為我懶，比如洗澡後要整理浴室，把水拖乾，在以前我絕對會讓它自然風乾的。

我們在一起相處得越融洽，身邊不少朋友就越覺得這是我妥協的結果。但我有時自己反省，我所妥協的都是我可以做到的，而那些事情會讓我看起來更像一個精緻的女人。但有一些也是我不能妥協的，比如蜷在床上看書吃東西，頂著半乾的頭髮追最新的電視劇……我知道王哲不喜歡，他總說食物屑會掉在床上，很髒；頭髮上的水會弄濕他從歐洲帶回來的沙發，不好整理，可那是我生活中的一部分，這也是他需要妥協的。

有時我會問他，如果我是一個不修邊幅、很邋遢的女人怎麼辦？他總是笑著說：「妳不會的，因為妳是女人啊，女人不就得活得精緻？」

「可女人這樣也活得很累啊，隨意不是更好？」我追問

「不是說要刻意，變成生活習慣就好了。這是對生活的追求，要做一個有所追求的人，不能只對外，對自己也應如此。」他回答。

「那你的意思就是，我要是隨性了，你就不喜歡我嘍？」

「妳那不是隨性，是粗糙，妳如果非要把自己生活過得粗糙，我不會不喜歡妳，而是會對妳失望。」

……我無話再問。

和孔雀男相處，妳絕不能把日子過得太粗糙，因為妳清楚他是什麼樣的男人。當然，當一個孔雀男很愛妳時，他可能不會要

求妳該怎麼樣不該怎麼樣，但久而久之，感情必然會出現問題。或許是妳開始心理不平衡，開始抱怨，怎麼他一個大男人天天活得那麼有條理，就不能隨性點，可妳忘了的是，他就是那樣的人。

當然，妳也可以繼續妳原本的生活，就像我其實可以把衣服堆在一起，出門隨便套個運動衫，睡到很晚起床，吃很多不運動變成胖子……這一切都沒關係，只要妳開心就好。妳甚至可以執拗地否認，眼前一切都不是因為懶惰造成。妳可以一口咬定是他要求太高。他總覺得這世界就他一個人最美，妳可以大聲質問「女人是該精緻地活著，可男人有必要那麼精緻地活嗎？」

但那對妳的感情毫無意義。當妳一個人時，大可以那麼做，兩個人時，妳必須學會相互適應、體諒，甚至相互學習，這是愛情中最重要的一點。愛情會讓你們彼此學習，變得更完美。同樣，即便妳一個人時，也不要把隨性當成邋遢的藉口。

和王哲在一起，我學到的是女人要為自己而活，為自己而精緻，別給自己找藉口。

其實有時我回想，和孔雀男相處對女人是有好處的，這會促使妳讓自己也變得精緻。但也可能讓某些人走上極端，那就是對生活倦怠。若妳並非打從心底裡想打理自己的生活，妳會逐漸鬆懈。並且，妳不會覺得是自己鬆懈，反而怪罪孔雀男找妳麻煩，妳總是覺得是他太做作了。但是他其實始終如一，從開始交往妳就該知道，他就是那種出門會精心搭配，甚至畫個淡妝，在商場選衣服也不能隨意，處處要表現品味的傢伙；妳也該知道，他可能有些小潔癖，看見妳掉在浴室裡的頭髮就會抓狂，看到妳在床上吃東西就會不滿……但就像王哲問我的那樣，這不就是我當初喜歡的他嗎？

給打算和孔雀男相處的女孩一點建議：

1. 多關注潮流資訊。多翻看些流行時尚雜誌，關心國內外的資訊，這對妳是有益無害的，當妳再逛商場買東西時，甚至是與姊妹們交談時，妳會擁有更多的談天話題。
2. 學習彩妝美容。不需要跟美容師或彩妝師一樣專業，但作為新時代的女人，尤其要和孔雀男相處的妳，這一點非常重要。即便妳不和孔雀男相處，學會了用處也頗大。想想看，參加面試時，畫一個得體的妝容，絕對會給面試官們留下好印象。

3.把看無聊肥皂劇的時間用來學烹飪。有人說，新時代女性遠庖廚，那只是提醒妳，不要把自己變成每天窩在家裡下廚的家庭主婦。但學學烹飪，偶爾下廚做點創意美食，絕對會讓彼此的感情升溫。哪個精緻的女人不會幾道拿手小菜，外面的飯菜吃多了也會膩，不如在家做幾道小菜，夜晚來臨時，佐一杯紅酒和另一半聊聊最近心情。

4.環境不是妳讓自己懈怠的原因。不少女人認為自己在家，又有了男友，就不用再打扮了，給誰看呢？這是大錯特錯，妳難道不知道男友還是在等著看嗎？尤其對於孔雀男而言，他永遠無法忍受女人的邋遢。當然這並不代表妳在家也要畫妝穿晚禮服，而是要對自己的生活負責，不能一早起床臉也不洗，熬到下午戴頂帽子就去超市，得過且過地生活。

5. 一定要自信啊，姊妹們。很多女人最終無法和孔雀男在一起，多半是因為對自己不夠自信。不懂自己為什麼非要把自己過成別人，認為自己天生就不是那種精緻的女人。妳當然是！一定要把這種怠惰想法從腦子裡剔除掉，妳可以隨性自然，不拘小節，但這些都不阻礙妳過得精緻，不阻礙妳獲得美麗。

♥ 把握好尺度，太孔雀的男人不好駕馭

我和王哲最終還是未能有情人終成眷屬，倒不是因為我受不了他的孔雀，只是大家終於還是有緣無分吧。

我們相處了一年多，後來的日子我每天都在等他和我談婚論嫁。但他對自己的要求實在太高了，總是和我聊他的遠大規畫。我有時真的很想給

他一巴掌，「你跟我說這些到底是為了什麼？我那麼愛你，你也說你愛我，那我們不結婚還等什麼呢？我都被你變成精緻女人了，你難道非要為了你高標準的人生，把我的青春也埋沒，才肯和我結婚嗎？到那時以你這孔雀男高要求的心理，肯定會把我踢到一邊吧，和我結婚！結婚……」但現實中呢，我卻說：「你說得對，我都理解，你也是為了我們的將來。」我恨我自己，其實我很想也給自己一耳光，因為我心口不一，這很委屈。但我相信王哲是愛我的，因為我知道他容忍我很多缺點，若不愛，他做不到。

但我們怎麼還是分開了呢？因為他想追求更好的生活，去國外。他要我跟他一起，可連個名分也不給我，就這麼把我帶到國外，萬一幾年後你一句「分手」，我要怎麼辦？我知道會有這樣的想法是自身性格缺陷所致，因為父母的婚姻不成功，所以我懼怕自己也如此。現在想來，其實我那時候太缺乏勇氣了，去就去，會怎麼樣呢？好的結果是我們結婚生子，壞的結果頂多就是回來嘛，還賺個「我剛從國外回來」的名頭。

可我還是放手了，因為我不喜歡王哲把他的將來當成我的將來一樣來考慮，即便是為了我好，也不可以。

那之後有很長一段時間，我始終迷戀孔雀男。說白了是離不開王哲留給我的回憶，那些和他一起敷面膜，在他的催促下清理浴室，被他纏著去健身的回憶。

他突然離開，使我一下子又回到了日上三竿起床，蓬頭垢面的日子。不行，這樣絕對不行。我記得他臨走時說了一句很灑狗血的話——「如果我回國後妳未嫁我未娶，我們還能相處，就不要再找理由和藉口了，我們一定要在一起，那時候我想我已不需要再追求什麼了。」雖然我知道又不是演偶像劇，但直到現在，我有時還時常能想起這句話，有一種隱隱的、難以言喻的微小期待吧。

為了保持我精緻女人的樣子，我開始有目的地搜尋優質孔雀男。果真老話說得好，三條腿的蛤蟆不好找，兩條腿的男人還是很好找的。

在離開王哲三個月後，我遇見了K。他要我管他叫K，是做時尚業的，果真是潮流引領者，以至於我們約會三次，每次我都認不出他來。

見K的第一面有一種他可能是gay的感覺。但聊起來又發現，這樣的懷疑是多餘的。只是他孔雀男的程度，竟讓我這個曾與孔雀男相處過的女人都有些招架不了。

從第二次約會時，他就要求我，下次出來可以穿什麼什麼風格嗎？一聽這話我就生氣，我穿什麼是我的自由，王哲頂多糾正一下我的不良搭配，你憑什麼要求我要按照你的意願穿衣服？正當我惱火時，坐在另一邊的K卻突然無比深情地望著我，我以為他要表白什麼，但會不會太快了，我們才見第二次，只見他緩緩地張開嘴說：「妳的皮膚好乾啊，離這麼遠還是能看到細紋，妳用什麼牌子的保養品？」

天啊，你沒看見我嘴角在抽動嗎？我真是服了你，難道你媽沒教你不能這樣揭人瘡疤嗎？尤其對面坐的還是你的約會對象，不知道這樣是非常不文明、不道德、有失水準的事嗎？虧你還以孔雀男自居。我只是不想說，看看你的臉，那麼厚的粉底也蓋不住你黝黑的膚色……

但我要優雅，僅是微微一笑，告訴他我只是亂抹亂擦，如果他有推薦的品牌可以告訴我。之後我匆匆結束了約會，馬上回家對著鏡子擠眉弄眼。「誰說我臉上全是細紋，眼睛有問題。」然後狂打放在客廳的發洩球，那是跟王哲在一起之後買的，因為那時他總是挑戰我的極限。但現在對比來看，王哲你太好了，你快回來吧，因為這個叫K的根本就不知道什麼叫人性的底線。

想到這裡，我突然一陣心酸，拿起手機翻出那個熟悉的號碼，嘗試幾次想撥打，最終還是放棄了。

和K的第三次約會，我毅然赴約，不知道他為何一邊嫌棄我，一邊卻又溫情地和我聯繫，難道是喜歡看我難堪的樣子？我幻想，若哪日我們結婚了，別人問新郎為什麼要娶新娘時，K會不會一副深情狀說：「我就是喜歡她在我面前難堪的樣子……」

這一次我先到了，對著鏡子看了又看，這次真的沒有細紋了。他遲到了一會兒，到了之後遞給我一個小包說：「我幫妳挑的保養品，保濕效果不錯，妳試試看！」我真是服了你，你怎麼、怎麼欠扁得那麼可愛呢？但我心裡更加清楚，我們應該不適合。

正當我糾結這個問題時，K又一句：「妳今天沒有按照我上次說的搭配哦，這樣我們就不配了……哦，妳別誤會，不是那個不配，而是搭配的意思，妳現在穿的衣服會讓妳顯得比我大幾歲……」

神啊，我知道我不夠虔誠，也沒做很多好事，但現在只要這個孔雀男從我眼前消失，我發誓，我以後一定日行一善。

孔雀男有分等級。初級、高級和特級，我想王哲應該屬於初級和高級之間，而這個K必然是高級等待晉升特級的孔雀男。

其實和與任何一種男人相處是一樣的。不同的只是，孔雀男中的一部分人天生就是挑剔狂，再加上通常又都有一副不錯的皮囊，後天又比較會打扮、有不錯的工作，以至於他們更不知道該怎麼告訴世人自己有多麼的卓爾不群，所以隨便找個人損一損，對他們而言絕對是家常便飯。

和初級孔雀男相處，妳不必做太多的功課及準備，因為這樣的人只是比一般男人稍微更在乎外表和細節，還是不錯的。和高級孔雀男相處，妳就要做好準備了，首先是心理方面，其次是脾氣方面，可別人家剛開始善意地批評，妳就火冒三丈招架不住，那是絕對沒用的哦。因為，就算妳整個人都自燃了，對方說不定還一邊吃冰淇淋一邊看電視，嘴巴不時還問上：「妳說我說的對不對？」

和孔雀男相處，就得能忍。並且要知道那是他們的性格，不是他們的本意。就算他有時傷了妳的自尊心，也要勸自己他不是有意的，他是為了讓妳變得更好。

但跟特級孔雀男相處，除了要做好上述準備外，還必須多備幾個超大發洩球，相信我，妳一定會被氣得發飆，除非妳真的能像水一樣融合、百變。

就像妳所知道的，他們一定會見縫插針挑妳的不是，但妳還不能發火，一旦發火了，按照孔雀男的說法，那是有損優雅的。此外，人家也是一番美意。就拿K來說吧，覺得妳皮膚乾，還買保養品給妳，對他們而言，這已經是細微體貼的極致表現了，至於妳能不能接受，就不是他們考慮的範圍了。

孔雀男不是自私，只是他們習慣了用自己的角度來觀賞身邊的世界。換言之，他們多半有點心直口快，只不過對大部分未婚戀女性來說，確實有點不好招架啊。

綜上所述，孔雀男是個不錯的選擇，但面對特級孔雀男妳還是應慎重，青春珍貴，別瞎浪費，感情也是一場風險投資，若確定無收益，還是別輕易投入。

9 Chapter

吝嗇男 和 Go Dutch 制的感情

吝嗇男的宗旨是：我的永遠是我的，你的也可以是我的

吝嗇男多半不是因為沒錢而摳門，只是把「你的」和「我的」分得太清楚。一般情況下，吝嗇男為人處事顯得小氣、不大方，有點畏畏縮縮，不是很討人喜歡。同時還有一個慣性，那就是喜歡貪小便宜。他們的宗旨是：我的永遠是我的，你的也可以是我的，但我的絕對不能是你的。

吝嗇男多半並不是沒錢

女人一過二十七歲，將要面臨的最大難題是什麼？初老？ＮＯ！絕對是老媽沒完沒了的說教——「女兒呀，隔壁王媽媽的女兒剛生了一對雙胞胎，好可愛哦，我不指望妳馬上生小孩，但也趕緊把自己嫁了吧？」、「我一個老朋友的朋友的兒子條件很不錯，妳見一見吧！」諸如此類，沒完沒了。妳若不從，就會把從小到大養妳不容易的那些老話統統抬出來說幾輪。通常聽一遍之後，所有為人子女者都會順從父母的意思。倒不是真的體諒父母心，而是為了圖個耳根清淨。

有時覺得我媽真的是個人才，八竿子扯不到的關係她硬是能聯繫上，不過是她道聽塗說，就完全信任地把自己的女兒介紹過去。我後來問過她，難道她就不怕對方是人口騙子，一見面直接把我擄走，自此變賣流離？此言一出，我媽愣了愣，隨後又說，「跟那個風險比起來，我怕妳嫁不出去的風險更大啊！」

您真是極品老媽啊！無奈，我去見了她那個不知道什麼時候認識的老朋友的朋友的兒子，那人個人詳情如下：

男；（是的，如果我媽幫我介紹個女人那她就真的太開放了。）

三十二歲；（我有時很不明白，為什麼女人一過二十七歲，身邊朋友幫妳介紹的男人普遍都三十以上，但男人一過四十歲，介紹給他的女人卻都二十七歲以下。）

某金融公司科長。（這意味著結婚後，我必須開始擔心金融危機的影響了，身為一個小設計、小文案的我，根本不必顧忌金融危機的大浪會打到我。同時也意味著，若國際金融環境良好，那我們結婚後房子、車子、孩子都不必擔心了。）

好吧，這樣的男人基本符合了我們社區大部分婆婆媽媽們的理想女婿條件。不過此人身高略矮，僅比我高兩公分。蒼天啊，期待他以後發大財吧，這樣我們的後代如果也是個矮子，還有錢給他做增高手術。PS：我身高一六二公分，在女生中不算矮子，但可想而知那位男士一六四公分，的確算是男人中的……

那次初見是我這輩子難忘的經歷，我們約在我常去的一家印度餐廳，消費平均三百多，算是台北一家不錯的平價餐廳。見面後我們一起點菜，這位由我媽聯繫的趙先生就問了，妳經常來這裡吃飯嗎？我大方地回答，偶爾會和朋友來吃。趙先生在看了許久菜單之後只點了一份咖哩飯，並對我說，「其實我一般都吃速食的，便宜快捷，妳懂的，我們做金融的就是得學著過快生活，而且金融業說不定哪天大環境突然就不好了，所以錢啊得留好。」我一聽他這話，心裡多少有了譜，說了半天，原來這位趙先生是覺得這家餐廳貴。

我只微笑沒說話，一口氣點了七八道招牌菜。趙先生坐不住了，連忙打發服務生先去點單。然後看看我說，「點太多了吃不完，而且天氣熱，打包回去也放不久。」是啊天氣熱，難道趙先生家沒有冰箱嗎？再說，哪有人第一次約會就把食物打包帶回家的？唉……看來我媽真的是給我找了個極品。

菜上桌後，趙先生邊吃著自己那份咖哩飯，邊看著我這邊點的七、八道菜，眼睛都快直了。我差點笑出聲音來，堂堂一個金融界的精英有必要這樣嗎？我趕忙說，「趙先生一起吃吧，本來就是點兩人份（不用擔心，我不會再加點了）。」當然最後這句話我只是在心裡說了說。

買單時，趙先生又像剛開始點菜時一樣扭捏起來。直到服務生催了兩遍以後，他才跟我小聲說，「那個安小姐啊，我們能不能 Go Dutch 啊，我今天沒帶太多錢。」我一聽就笑了，早知道你會這樣，我拿出錢包付了全部的錢，對趙先生說，「沒關係，這頓我請吧，反正你也沒吃多少，你該不會是因為沒帶夠錢，所以故意少吃的吧？」我付完錢覺得好玩，故意說了這樣的話，見這位趙先生頓時臉憋得通紅，我又趕忙說，開玩笑的。

從餐廳出來後，按照常理不是出去走走，就是叫車送女方回家。可這位趙先生得知我住的離餐廳不遠，就提議走路送我回家。呃，不遠，其實也有三條街，平常坐車也要十幾分鐘，走路起碼三十分鐘，而且是在穿平底鞋的前提下，但是我今天穿的是十二公分的高跟鞋欸！可是看到他那被頭髮遮擋著的小眼睛散發出真誠的光芒，我也不好拒絕，畢竟不給我媽面子，也要給她朋友的朋友面子。

這一趟走回家，我的腿都差點廢了，眼看著這位身材矮小必然腿短的男人也累得夠嗆，便邀請他來家裡坐一下，喝杯茶再走。

他上來沒待多久，看了看手錶後，突然發出女人見鬼般的尖叫聲——「啊！末班車沒了，坐計程車回我家很貴欸……」看著一臉愁容的趙先生，如果他是我在路邊隨便遇到的男人，我一定給他一個飛踢，你一個月六位數的薪水，竟然這麼吝嗇？

可沒辦法，我只能強顏歡笑地對趙先生說，「如果實在不方便就在我家留一晚吧，但是你只能將就睡客廳。」我話音未落，趙先生趕忙搗蒜般點頭說好。

天啊，什麼男人啊，晚上我把自己的臥室門鎖好後，便拿起前不久朋友送的發洩玩具一頓臭扁——好你個吝嗇鬼！明天就要找老媽算帳，什麼未來前景一片光明，我現在就覺得自己跌入黑暗深淵了。

「吝嗇男」很容易理解，就是摳門的意思。而且這種男人多半不是因為沒錢而摳門，只是把「你的」和「我的」分得太清楚。一般情況下吝嗇男為人處事顯得小氣，不大方，有點畏畏縮縮，不是很討人喜歡。同時還有一個慣性，那就是喜歡貪小便宜。他

們的宗旨是：我的永遠是我的，你的也可以是我的，但我的絕對不能是你的。

一般來講，吝嗇男有以下幾大通病：

1.過馬路從來不管身邊的人是不是會遇到危險，鐵定自己第一個先衝過去；去餐廳吃飯，只顧點自己想吃的，從來不問妳喜歡吃什麼，當妳準備點些什麼時他又會找各種理由不讓妳點。

2.並不懶，但總是有各種理由不做家務。

3.有關妳的任何節日，他從來喬裝忘記不送妳任何禮物，當妳生氣時只會敷衍應付；但妳若忘記與他有關的節日，他一定會暴跳如雷。

4.對妳和對他自己的態度判若兩人，當妳買了兩千元的衣服給自己，他一定板著臉好幾天；但當妳用自己的錢幫他買五千元的衣服，他一定會開心地說妳對他真好，絲毫不埋怨妳亂花錢。

5.當妳在外面遇到任何問題，或因為工作壓力大而不開心時，他一定會告訴妳請不要把外面的壞情緒帶回來，但如果換做他，妳說同樣的話，請小心暴風雨即將到來。

6.和妳或者朋友們一起出去吃飯，如果得知是對方付錢，一定找最棒的餐廳；反之，如果是自己付錢，那一定找各種理由選個越便宜越好的餐廳，就算菜難吃得要死，他也會一邊吃一邊享受地說，「啊，真好吃啊。」

7.這種男人在買單時，一定第一個喊著買單，最後一個拿出錢包，最後卻乾脆藉故走開、裝作打電話。

8.任何活動都要在他的末班公車來之前解決。

9.一讓他付錢臉色準變，或付完錢就找碴吵架。吝嗇男們的經典語錄：「幹麼買這種雜牌衣服？以後我們去巴黎買香奈兒！」不過值得注意的，這種男人和真正節儉的男人完全不一樣，後者不分你我，但前者分得無比清楚，無論那人是誰。

10.找各種理由不跟妳親熱。但是他的鬍子沒少，那玩意仍在，而且每天早晨一樣會「撐帳篷」。

綜上所述，這就是正宗的吝嗇男，如果妳的男友十項全中，那麼恭喜了，妳和我一樣遇到極品了。

或許妳會納悶，他又不是沒錢，自己對他也不是不好，也不是沒感情，怎麼就跟妳分得那麼清楚？那麼摳門呢？別想了，這跟妳一點關係都沒有，對他來說這是別人的事。吝嗇男就是這樣的，他們的吝嗇源自本性中的自私，因為自私所以凡事總先想到自己，自然要和其他人分得清楚。無論是誰，即便是對他的父母甚至將來的子女，他都如此。妳若接受，就不必計較，因為那是計較不完的。

吝嗇男變臉比變天還快

對於趙先生，我的態度很堅決，可不知道為什麼我媽也那麼堅決，就覺得這位趙先生好得不行，他究竟哪裡好呢？後來我才明白，原來這吝嗇男還有一項說謊話的卓越能力，他跟我媽之前見過，那次見面奠定了我媽非要斷送我幸福的決心，他把我媽哄得差點昏過去。

把遭遇跟琳達說了一遍，不料她竟然想見見這位極品男，她覺得自己閱歷男人無數，還真沒有見過這樣的。

我們約在廣場見面。琳達一見到我就故意說想去吃牛排，我應著，不料趙先生突然一改剛才興沖沖的樣子，說自己的肚子可能不太舒服。還說要不要我和琳達先去，他去買點藥，好些的話再去找我們。我和琳達自然看穿了他的計謀，硬是把他拉去。

到了餐廳一看菜單，他眉頭皺得更緊了，什麼也沒點，聲稱自己腸胃不舒服。直到餐點都上了後，琳達突然說這頓她請，我坐在趙先生旁邊，清清楚楚聽到他如釋重負般地舒了一口氣。然後又過了一會兒，他開始說自己舒服多了，便要了菜單開始點菜，那架勢，真的有一種打算把誰吃垮的感覺。好在琳達的實力夠強大，只是不時地朝我比手勢，那意思是，這男人絕對「讚」，不過是貶抑的意思。

飯後我和琳達打算去逛商場，趙先生一聽，腸胃不順的毛病馬上犯了，但是琳達硬是不讓趙先生離開。看他著急的樣子，我本來想打個圓場算了，又沒想在一起，不必太難為他。但琳達卻給我眼色，要我別插手。一家精品店內，琳達看到一條絲巾說，「小萌，妳看這個眼熟嗎？」我一看，這不是琳達之前戴過的那款嗎？沒等我說，琳達就對趙先生說，「我也有一條，是現在老公和我初次約會時送的見面禮。對了小萌，趙先生是做金融的，這麼有前途，一定送了妳更好的見面禮吧？」

這時只見趙先生故作恍然大悟地說，「真的呀，妳看我，忘了忘了，下次一定補給小萌，下次下次，下次送份大禮。」

琳達不依，又說，「別等下次了，就這次吧，不如你也送這絲巾給小萌吧。」趙先生聽後又說了各種理由，比如買一樣的東西送不好啊，這個不太合適啊什麼的，但都被琳達給饒了回來。最後趙先生無奈地買了單，然後藉故有事就離開了。琳達看著趙先生氣沖沖離開的背影對我說，「這種男人就是要這樣治治他，其實他要是回家算算，一點都不虧，今天吃了我多少錢啊，好像沒吃過飯似的，妳媽要是非要把妳倆撮合在一起，我們以後就別聯絡了。」

我聽著琳達的話，送她十個大白眼。

常說女人變臉跟變天一樣，這句話用在吝嗇男身上也絕對正確，尤其是當妳的任何要求觸及他的利益時，那絕對可以瞬間從大晴天變成颱風天啊。

女人和這樣的男人生活在一起，首先一定要有強大的愛和強大的包容能力，不然誰受得了這樣的男人啊。

一般來講，我並不建議和吝嗇男交往，那的確會讓妳的生活時常被陣雨包圍，但也不能一點機會都不給吝嗇男。所以，如果妳真的遇到了吝嗇男也不要太著急，如果覺得愛得分不開，那就只能在一起了。這時候妳要用真誠的愛去感化吝嗇男，讓他改變。我說過，吝嗇男之所以吝嗇，多半都是因為自私的緣故。一個人的自私性格一旦形成，要改就難了。要他改絕不是逼他為妳花錢，或者變得大方，因為那些事情對吝嗇男來說通常很致命，那該怎麼做呢？

一般來說，吝嗇男最多的就是道理。他們不花錢，也不為妳花錢，是因為他們認為自己有很多的理論可支持。如果妳想改變他們，就要從這些理論入手，據理力爭。但切記不要爭得紅臉耳赤，要講道理講到他服氣。不過事實證明這不太好練，脾氣火爆的女生我就不建議妳們嘗試了，能當機立斷撤退就別猶豫了。

第二點，比他們分得還清。吝嗇男總是把妳的東西和他的東西、妳的錢和他的錢分得很清楚。但是只要和他們接觸久了，妳不難發現，那並不代表他們是那種妳別來花我的，我也不花妳的類型。相反地，他們會想法設法想花妳的錢。所以，在和吝嗇男相處的過程中，為了減少自己的損失，我建議妳最好分得比他還清楚。一般來講，初級的吝嗇男碰到妳這樣的做法時，會從他所遭受的傷害中自我反省，甚至有改過自新的可能，如果妳對他來說真的很重要的話。但如果妳的吝嗇男友已經達到了極品等級，比如前面提及的十項全中，那除了讓他佔妳一輩子便宜外，還真沒有別的方法了。不過也不必太過傷心，感情嘛，本來就是周瑜打黃蓋——一個願打一個願挨。人們不常說真愛無需計較，但至於吝嗇男那麼計較，是否能找到真愛，我就不知道了。不過，這次相親的經歷已足以讓我更珍惜生命，遠離吝嗇男！

♥千萬別在金錢上虧欠吝嗇男

見過斤斤計較的男人，但沒見過如此計較的。自上次送了一條絲巾之後，趙先生就消失了一週。本以為他知難而退，我大可以跟我媽交差，是他主動棄權的，不是我要放棄的。沒想到他大清早突然來了一通電話，邀請我去他父母家裡吃飯。有沒有搞錯？我們八字都還沒有一撇，未來也不可能有那一撇，這人到底在想什麼？

起床簡單梳洗後拿著手機上 LINE，琳達和阿尤都在線上。把這事訴說一番，琳達發來嘔吐的表情，我趕緊叫她滾遠一點。阿尤倒覺得我還是去得好，她之前也遇過一個極品吝嗇男。阿尤分析，其實他本意並不是帶妳去見他的家人，只是想從妳身上把上次給妳買禮物的錢榨出來。妳想啊，妳去看人家家長必然得送禮啊。就算妳一開始沒那意思，他也會找個時機把妳領到商場，告訴妳他家人喜歡什麼，一般像我們這樣大方得體善解人意的女子，自然會掏腰包買一份了。

接著，阿尤開始回憶那段不堪的經歷。話說她和她的吝嗇男還是在車站一見鍾情的呢。看面相他應該是個大方的人啊，大大的眼睛，高高的個子，怎料想接觸之後竟然那麼摳門。

每次和阿尤出來吃飯，不是錢包忘了拿了，就是兩人合吃一份。你想省錢，可也不能完全不問問女方的意思，根本就只在乎價錢。而且每當阿尤想來份餐後甜點時，吝嗇男友更是找各種理由不讓阿尤吃，如果阿尤執意要吃，那必然是阿尤自己付錢了。

渴望浪漫是女人的通性，大概沒有幾個女人能一直忍受男友每天吝嗇得要死，尤其是對自己。阿尤也是如此，沒多久她就準備和這位吝嗇男和平分手了。卻沒想到分手時，人家最先想到的不是感情沒能長久可惜了，而是向阿尤要回上週叫阿尤幫他團購的兩張餐卷和兩張電影票。還跟阿尤說之前去看阿尤姊姊的孩子，自己花了不少錢，禮物就不要了，但是錢能不能還他……

阿尤真的很生氣，怎麼這麼倒楣，竟遇到這樣的男人。從皮夾裡掏出一千元丟在桌上剛準備走，這位吝嗇男又叫住了阿尤，阿尤以為他意識到了自己的錯，可能想 say sorry ？沒想到他卻說，是一千一百三十。

阿尤的忍耐程度已經被突破了底線，她坐下來，也學吝嗇男那樣開始算起來，算得非常清晰。阿尤只是想讓對方知道，去你的，不是我傻不計較，而是我認為兩個人既然戀愛，就沒必要算計。全部清算完之後，吝嗇男瞠目結舌地發現，自己要給阿尤的錢更多。比如過生日時送的禮物，一起吃飯時大部分都是阿尤付錢，去看他奶奶時阿尤買的禮品等等，都還沒細算。

吝嗇男看著阿尤，舔了舔嘴唇，邊收起阿尤放在桌上的錢邊說，「我今天沒帶錢，一會還有事，這錢我先拿著，妳的錢我下次約妳再給妳吧！」

阿尤斜眼看著這位剛剛變成前男友的男人，心想著自己當初是怎麼看上這個極品的！本以為他人高馬大，應該是很 man 的男人，沒想到內心卻是個娘味十足、凡事都要斤斤計較的小氣男人，只怪自己遇人不淑吧。想到這裡，阿尤留下句，「錢不用給了，其實，你真的不適合交女朋友，不如找個男人過下半輩子吧。」

我聽了阿尤的經歷後倒吸口涼氣，天啊。就在這時趙先生的電話又打來了，說已經到我家樓下，我穿著睡衣走下樓，把絲巾的錢和那條絲巾的吊牌標籤一起交到趙先生手上，請他自己去看他的父母吧。趙先生見到錢立刻嘻嘻笑起來，還說一起吧，都跟家人說了。我看著他那副嘴臉，又想到阿尤剛說的故事，頓時有些噁心。不行，趙先生啊，你趕緊走，你再不走我就要吐了，我今天也腸胃不舒服……

OK，以上就是很極品的吝嗇男，和這樣的男人相處或分手，切記一點，不要欠他們。我指的不是感情上的任何虧欠，因為對吝嗇男而言，金錢上的虧欠遠比感情上的虧欠嚴重得多。

吝嗇男在金錢上百般計較，那麼感情呢？不要抱有期望，他依然是如此的。他渴望的人生是人家愛他千百遍，他僅僅付出一點點的感情。大家常說感情是場不計回報的付出，可是女人的確沒有必要把自己的付出白白浪費在這種男人身上。

當有一天你們分手後，他或許也會難受，但即便如此，他也會邀請妳靜下來，幹麼呢，大家來算算在一起這段時間的帳。他欠妳的都統統算了吧，大家畢竟在一起過，不分你我。可是妳欠他的呢，千萬要算清楚啊，這一點妳不說，他也會找各種理由提出來的。他會說畢竟大家好聚好散，要乾乾脆脆地分開，不能相互虧欠。當然，這裡的虧欠是妳不能虧欠他的。如果妳找理由不還他，或者轉話題談你們之間的感情——不用我多想，你們之間的感情肯定也是妳付出得多。但這時候，他又會變一張臉對妳說，感情本來就是妳情我願，付出多少沒法計量，但金錢不一樣，感情不能用金錢來衡量，可感情也不能當金錢用，不然我出門吃飯，就算去熟人開的餐廳為什麼也得付錢？

此時妳見他這副嘴臉，定是心灰意冷。

這是和吝嗇男相處的必經之路，生氣懊惱其實都沒有必要，因此氣憤或者問憑什麼？就是不給他錢——要知道，那樣妳很可能會遇到更多麻煩。感情中無論遇到什麼樣的極品男人，都不要問憑什麼、為什麼，經驗就是一種財富，告誡妳今後哪種男人可以直接pass掉。就算現在損失慘重，妳賠掉的也只是那一小段時間，一切都是值得的。所以，當吝嗇男跟妳分手大談錢的問題時，妳索性也可以像阿尤一樣算個清楚。當然，妳自己的那份可以不要，因為他一定會找藉口說改天給妳，接下來就再也沒有改天了。但如果他的要求不是很過分，不如認賠出場，千萬不要在金錢上虧欠這種極品吝嗇男，因為妳今日的虧欠很可能讓他記恨，甚至在背後詆譭妳。一個眼中只有自己的自私男人，什麼事情都做得出來，沒有必要為了這種男人惹上一身腥，早放手早開始乾淨的人生。

♥ 妳的下半生是否經得起「算計」？

話說那次事情之後，趙先生又找過我幾次，我都很堅決地拒絕了。沒想到這傢伙竟然來陰的，直接約我媽見面，又開始給我媽灌迷魂湯。結果呢，我媽回來就是一頓嘮叨，她為什麼不明白我的難處呢？

琳達說：「這位趙先生肯定看上妳的條件，覺得不錯。有穩定收入就不會花他的錢，外加幾次相處覺得你們如果在一起，往後幾十年都可以佔妳便宜，多划算的買賣，自然打算抓緊妳了。再說妳看他那樣子，肯定沒什麼戀愛經驗，要能找到妳這樣各方面條件不錯的人很難啊，最難得就是妳媽媽吃人家那一套。」

好吧，琳達最大的本事就是說風涼話。怎麼辦？我是絕對不會妥協的，為了避免老媽每天念我，乾脆搬到阿尤家裡先避避風頭，果然搬過來就接到我媽的電話，問我什麼時候回家，我只好說出差了，一個月左右才回來。

結果這一住就是兩個月，我媽才終於放棄了，那位趙先生也放棄了，沒再找我媽，真是夠嚇人的。

事後我搬回家，辦派對慶祝躲過此劫，琳達還不忘開玩笑地問：「要是妳媽一哭二鬧三上吊就認了這個準女婿怎麼辦？」

我不是沒想過，真的如此，乾脆先把自己解決了吧，我可不想賠上自己一生的幸福，處處活在別人算計的生活中，生不如死。

總之討厭的事都拋開，現在終於放鬆了。有過那樣一次經歷之後，我對吝嗇男絕對見一個鄙視一個，接觸的男人只要有吝嗇的嫌疑，統統直接 pass 掉。我的青春雖然正在日趨枯萎，這是我媽的說法，但我認為女人不到四十歲都不該說自己老了，而我的下半生也絕不能就這樣被人算計著過日子。

吝嗇男雖然討人討厭，倒也不是男人一吝嗇都得馬上 pass 掉，通常還要交往一段時間加以觀察。一般來說，如果一個男人可以在和妳相處的第三個月開始改變他吝嗇的毛病，哪怕只對妳，那這個男人都是可以考慮的。如果你們相處已經三個月了，

對方不但絲毫沒有改變他吝嗇的毛病，對妳百般算計，那妳還是盡量遠離這樣的男人吧。

為什麼要三個月呢？國外有一項調查顯示，三個月是男女的熱戀期，從你們確定關係開始起三個月，就是對方可以為妳改變所需的時間。這段時間無論他是認真的還是裝的，總之他都會為妳改變很多事情。如果一個男人在這三個月裡依然那麼吝嗇，不斷和妳計較，那就說明他吝嗇的程度已經無可救藥了，還是三十六計走為上策吧。

另外有一個怪現象，就像我遇到的那樣，我那麼討厭那個趙先生，可為什麼我媽卻那麼喜歡他呢？這就是吝嗇男另一大問題，他們多半很擅長偽裝。當他們不想花錢在妳身上時，就得裝一副嘴臉和妳說好話，先安撫妳再說。比如，妳過生日時他很少送禮物，就算送了也廉價品，但他總有理由，比如太忙了來不及選，下次一定補妳更大的，但那只是說說罷了。妳大度體諒，不在意什麼禮物，認為兩人的感情才最重要。可是他過生日妳若不送他像樣點的禮物，他肯定會和妳大吵大鬧，他會說妳先買了他再給妳錢啊，身邊的朋友、同事都在看呢，人家女友都怎麼怎麼，妳怎麼可以這麼不重視他呢？妳心知肚明，那全是屁話，真正的目的是盡量在妳身上撈油水。誠然，有一點也必須為吝嗇男澄清，他們不是單純的像小女生倒貼老男人那樣，只為錢，純粹是性格所致，就跟吸毒一樣，只要毒癮一犯，要他不佔便宜不算計，肯定受不了。

同樣的道理，吝嗇男在長輩面前很有一套，一張嘴能說會道，會把他對妳的好放大至少一百倍到處說嘴。外加上他天生就有精打細算的本事，長輩們自然覺得這男人挺可靠，把女兒嫁給他應該不會吃苦。其實一旦結了婚，形勢立刻就變了。

綜上所述，妳的下半生真的經得起吝嗇男的算計嗎？如果認為自己沒足夠的駕馭能力，這種男人建議妳 pass 掉。尤其是極品吝嗇男，等你們生了孩子後，就會開始跟妳算計這個月誰買奶粉，下個月誰買尿布……

10 Chapter

多金男

和

總也拉不近的生活距離

有錢也不一定過得起「有錢人的生活」

嫁進你們家
會不會很辛苦.
不會.
只要每天跟人
吃吃飯，聊聊天，
關注一下時尚就好.
吃吃飯……
聊聊天……
關注一下時尚……

以前我總是羨慕有錢人的生活，如今真的差一步踏入上流社會才發現，這種生活妳未必「過得起」。不是說不夠格，而是心理不適應。如果妳的生活中出現了一位豪門男友，那除了慶幸、思考之外，千萬不要忘記充實自我。

♥有錢人的生活不是人人「過得起」

誰能想到，我這半吊子的資深剩女，竟然能夠即將三十拉警報的前夕，認識到一位如此多金又不會醜到嚇人、老到行動只能靠輪椅、說話只能靠眼神的男人。

認識林凱時他三十二歲，正值男人最炙手可熱的年齡。家底雄厚，留學歸國，笑容靦腆，身材高大，不是那麼精緻的臉上卻有一雙大眼睛。我喜歡男友有大眼睛，這樣當他們說謊時，就能盯著他的眼睛審視，但如果眼睛太小，我就不能看清他們內心的變化。若是那種小到睜開跟沒睜一樣的話，就根本沒法判斷了。

和林凱正式交往後我才恍然大悟，原來我釣到了金龜婿。起初，我對這種差距很大的家庭背景抱持懷疑態度，不認為我這麼一個一般家庭出身的普通女子，能夠和他這樣一個背景強大的適婚男人有什麼結果。但是，當身邊的流言蜚語越多，妳就越想拚拚看，不是給誰看，就是想爭口氣。

和林凱在一起之後，時常要陪他去參加一些比較正式的社交場合，那種場合和我們平常去的派對完全不一樣。就算我對時尚精品瞭解不多，也能夠在這些場合裡看到很多我認識的國際名牌，有許多是我一年薪水都買不起的。

起初我奉行「做自己」的原則，我想無論去什麼場合，只要做自己就好了。我是什麼人，簡單普通的一般人。所以我不必大手筆地打扮，大大方方地陪林凱出席就好了。但當我連續兩次在活動中出糗後，我終於明白，以前我總是羨慕有錢人的生活，如今真的差一步踏入上流社會才懂，這種生活妳未必「過得起」。不是說不夠格，而是心理不適應。

林凱要他的女助理帶我去購買「裝備」。這位女助理一副蛇精臉，也許在我出現之前，這位助理一心夢想成為老闆娘也說不定，這次被派來陪我買行頭，自然是一百個不樂意，她把我領到購物廣場後，自己就去一旁煲電話粥了。我偶爾也會買點名牌，但要我自己去選、去比較，完全不行。在商場裡繞來繞去也不知該怎麼買。何況我本身也不是那種花男人錢不手軟的人，自然不會像某些女人那樣不管三七二十一看到什麼買什麼。說實話，只要標價別太離譜，我打算自買單。那時我才發現，自己對時尚的瞭解多麼貧乏，以前總覺得自己還算滿關心時尚的人。可如今想想之前參加聚會時，周圍女人總有說不完的時尚資訊，我才明白，原來光是心裡準備好適應即將開始的上流人生遠遠不夠，還要不斷地充實自己，這樣才不會讓人一眼就看穿妳的心虛。

我想每天都想著嫁入豪門，把自己當成準少奶奶的人以外，大部分普通的女性，對名牌精品都只是略懂皮毛而已，除非她本身從事這方面的工作。就算能夠一口氣背出所有品牌的名稱，也不見得能瞭解每一季的潮流主線和設計師主打。所以，如果妳的生活中出現了一位豪門男友，那除了慶幸、思考之外，千萬不要忘記充實自己的知識。

不要以為認識幾個奢侈品牌就能過上有錢人的生活，雖然有錢人也是人，但不得不承認，上流社會的生活就是有很多要求，為了不讓自己丟臉，不讓人看扁，妳必須要奮發圖強。

首先，學學紅酒的知識準沒錯。

或許妳會對此嗤之以鼻，紅酒誰不會喝啊，別把我們當成鄉下村姑好嗎？沒錯，紅酒的基本知識幾乎沒人不懂，但更深入一點呢？比如如何區分年份，目前很棒的紅酒種類，什麼酒桶發酵味道更好，那種酒塞更能保存紅酒的香醇……

千萬不要覺得這些知識沒有用，它可能會成為讓妳被人刮目相看的法寶哦。尤其是整天閒著沒事幹，又特愛嫉妒的有錢闊太太們，最喜歡捉弄那些有麻雀變鳳凰嫌疑的人。她們會想辦法讓妳出醜，所以，妳要盡量保持在細節取勝的優勢。

其次，一定要關注時尚潮流。

這可不是去逛逛百貨公司，或者逛逛網頁那麼簡單，而是要把當季的流行元素，名牌走秀的亮點，設計師們推出的新品全盤掌握才行。這樣，當妳和妳的多金男出席某些大咖派對時，妳就可以輕鬆看出某一位身上穿了當季款，適時恭維對方一下，妳的品味也就瞬間被提升了。那些本來還想在背後耍手段整妳的女人們，這時只能再想其他辦法了。

再者，化妝造型一定要學。

現在女人基本上都會化妝，但化妝技巧就天壤之別了。如果妳不是個造型高手，建議妳有空去學學造型彩妝，這可不是為了討有錢男友的歡心，而是對妳自身有利的行為。妝容對女人來說太重要了，面試需要一個得體穩重的面試妝、相親需要一個柔美清秀的相親妝、出去玩需要一個清新自然的妝、去夜店也需要有一個比較炫的妝，去宴會呢，則需要一個能提升氣質又不造作的裸妝。

這麼多種妝容，如果不好好充電學習，怎麼能夠應對自如呢？萬一不小心化失敗了，頂著一臉不合時宜的妝去參加有錢男友的聚會，可是會成為笑柄的。

最重要的一點，要有自信。

一般來說，就算是做足嫁入豪門的心理準備，當面對與自己落差太大的環境時，內心多少會感到自卑。不要不承認，這種自卑有時會表現得很明顯，比如頻頻出錯，或是為此說謊。比如妳明明是一個廣告公司的小設計，但周圍最少都是總監等級，這時妳就瞬間幫自己升職，搖身一變成了首席設計。但紙包不住火，沒多久身分曝光了，那時候該是何等尷尬。

所以，如果妳有一個非常有錢的男友，一定要學會從內而外的自信，而不是在自己朋友面前擺闊、炫耀男友有錢，但一到所謂的上流場合就變得縮頭縮尾。

其實，妳完全沒有要必要掩飾什麼。要知道，學習是對妳有益的事情，做好妳能做的，但不要抱怨，也不要為妳所沒有的而感到自卑。想要過有錢人的生活，首先需要一顆堅強的心，妳要經得起打擊，也要忍得住誘惑。

別期待門檻太高的戀情

林凱與我的感情可謂一波三折，先是被他的朋友們背地裡奚落，接下來被女助理整，現在呢，到了最難的一關——被他的家人整。

因為我和林凱的背景懸殊，他的家人自然非常反對我們在一起。其次，林凱的媽媽認為我即將三十了，他們不能接受。他們心裡盤算三年抱二孫，但一看到我，雖然沒說什麼難聽的話，但肯定不滿意寶貝兒子竟要娶這樣一個即將年老色衰的女人當老婆。

我這個人很少知難而退，但這次我立刻就動搖了，可能是因為他姊姊那種不屑的眼神，也可能是因為他媽媽私下打給我的那通電話，真的，像演電影一樣，說要給我一筆精神賠償費，然後要我和林凱分手。他們希望林凱找的對象，先不說一定要門當戶對，起碼年齡也要在二十五歲以內。

那之後，我把自己關在家裡，不想跟人說話，也不想出門。不接林凱的電話，也不接林凱媽媽打來的電話，我知道她要說些什麼，我懶得聽。我也不是對自己那麼沒自信，只是突然間落入一種失常的狀態。交往了一段時間，我覺得自己每天都處在精神緊繃的狀態中，這是和之前的任何一個男友在一起都沒有過的。以前兩人在一起是很輕鬆的，感到很舒服。但跟林凱在一起，因為有太多人在妳耳邊說東說西，有人告訴妳，挖到寶，妳要把握好了；有人說妳是為了他的錢，這麼大年紀還能釣到金龜婿真是狗屎運……

我第一次有好想回家的衝動，並且立刻將這個衝動落實，沒有跟任何人說，連請假都是半路上才託同事幫忙。剛到家，一見到我媽，我的眼淚就忍不住掉下來。這麼多年交過很多男友，分分合合，我從不曾跑回家抱著媽媽哭。但這一次，我不是因為感情不順，而是因為委屈。總覺得這段時間我過得太委屈了，我努力把自己改造成另一個樣子，讓自己看起來更好。以為這樣，就能得到林凱身邊那些人的認可，或寬容對待。但我發現自己真的錯了，我所得到的不過是：當妳一無所知時，人家說妳是個腦袋空空的無知女人；當妳努力改變之後，人家又會說妳，看吧，為了嫁入豪門不擇手段。

其實我只是想要找個好男人嫁了，但誰知道，這個我認為還不錯的好男人是個有錢人。我並不是真的想當什麼少奶奶，當然也曾跟琳達開過玩笑說，若能嫁過去真的可以少奮鬥幾十年。但我也很清楚，和一個背景落差太大的男人戀愛，就算我們真的結婚了，相處起來難度也非常大。我以前不相信這一點，但在自己親身經歷過，又聽了幾個朋友的經歷後，我越來越徬徨，究竟該怎麼辦？

小彩是我和琳達在瑜伽課上認識的，因為個性好相處，很快我們就成為了不錯的朋友。小彩嫁了個有錢的老公，每天都開跑車來健身房，包包裡各種頂級 SPA 的會員卡厚厚一疊，前段時間才從杜拜旅行回來。每每聽到這些時，我和琳達的下巴都要掉下來了。我們甚至想著要不要也去韓國整形，回來去有錢人堆裡混一混，看能否也嫁入豪門。

後來很長一段時間不見小彩，再見到她時，她已經和那個有錢的老公離婚了。因為他們結婚四年，生了兩個都是女孩，而且聽說她現在懷的第三胎也是女孩。就這樣，人家以傳宗接代為藉口直接把小彩休了。雖然之前買給小彩的車子和房子都沒有收回，但小彩整個人都變了。我們一起吃飯，她可能是因為太需要向人傾訴，所以一股腦兒地說了許多。她說結婚四年多來，過年過節從來沒有和家人一起過。因為前夫的家人要在家裡辦派對，小彩不能缺席，但也堅絕不讓小彩的家人參加，表面上說人多怕招待不周，其實就是嫌小彩的家人不夠體面。小彩的娘家在高雄經營一家茶餐廳，日子過得不錯，雖不是大富大貴但也很幸福，誰想到對夫家而言，竟成了上不了檯面的人。

其實想找個條件好的男友絕對無可厚非，但在選擇男友時也應該考慮到，如果雙方的條件相差懸殊，彼此的感情交往也勢必會受到影響。雖然現在越來越多人已經摒棄所謂的門當戶對，追求自由的愛情。可愛情歸愛情，當妳準備進入婚姻時，就可以輕易發現門不當戶不對所導致的問題。首先，妳會受到他家人質疑，他們會輪番盤問妳，是不是為了錢才和他們兒子在一起。其次，就是這樣一位多金男人，就算他潔身自愛，但圍著他飛來飛去的蒼蠅也絕對不會少，誰教他是塊肥肉呢？所以妳必然會面對眾多女人們的奚落及比較。

就算妳認為自己有金鐘罩、鐵布衫，堅持下去一定能成功闖入豪門。妳也不得不考慮到，就算能撞開豪門，但妳也會因此傷痕累累。當妳真的撞開了，能保證門內就如妳所想的美好嗎？也許的確可以少奮鬥幾十年、晉升上流社會，可妳所承受的壓力和委屈，我敢發誓，絕對跟妳所享受到的東西成正比。

所以，為了讓自己過得開心點，不要期待門檻太高的愛情。同時，也不應該抱著要找有錢人當男友的想法去交往，否則妳得到的結果不過是一場交易。記得在美國某個論壇裡看過一則很有意思的故事：一位二十五歲的美國女孩在論壇上提出了一個問題：「如何才能認識有錢人？」她為有錢人設下了一個標準——年收入必須在五十萬美金以上。女孩很明確地提出，自己將來要住進紐約中央公園附近的高檔社區，因此年薪二十五萬美金的人是遠遠達不到這個標準的。所以她之前遇到的幾個男人，都因為這項條件未達標而被她 pass 掉了。她迫切想知道有錢的單身男人經常出入哪些地方，並且想知道他們想要娶年紀多大的女人。

沒多久，這位二十五歲自詡年輕漂亮、懷抱豪門夢的女人就收到了回應。留言給她的人正是年薪超過五十萬美金的金融人士，且他就住在紐約中央公園附近。但他可不是來和這位小姐進行網路徵婚的，相反地，他在回覆中說，與這位女士結婚是件非常糟糕的事情。他說：既然妳用金錢來衡量愛情，那麼，我們之間的婚姻自然也只是一種交易，既然是交易，對於我們這些搞金融的人來說，一定要評估它的投資報酬率。妳的美貌是妳的資產，而我的錢就是我的資產。但這其中就會出現一個致命的問題，我的錢是不變的，而且會隨著我的投資越滾越多，但妳的容貌卻會隨著時間消逝，因為妳不可能一年比一年漂亮年輕。從這個角度來看，我是屬於增值型資產，而妳完全是屬於貶值型資產。所以，如果不考慮愛情，只從金錢角度來衡量，與妳這樣的女人結婚是個賠本生意。明智的選擇應當是租賃，換言之，和我一樣的人會選擇妳當情人，但不會娶妳當老婆。照這樣來看，與其乾等，妳不如自己嘗試創造財富。一心想藉著嫁入豪門來讓自己幸福，其實還不如靠自己努力去創造財富，得到幸福的機率還比較大。

如上所述，女人不該把幸福寄託在嫁個有錢人之上，更不要期待門檻太高的感情。當然，如果你們真的深愛彼此，並且也做好準備迎接可能發生的一切，那我會祝福妳。只是妳一定要明白一件事，妳和妳的多金男友一定要是真心相愛，而不是「財貌」交易，不然，就算妳前期突破了種種困難，也難保哪一天當妳容顏逐漸衰老，會被當做貶值資產「大清倉」。

♥無論何時保留妳所堅持的東西

經歷了一段時間的沉寂後，我打了通電話給林凱，他的聲音聽起來很沙啞。我有些竊喜，當一個男人因為擔心妳而寢食難安時，說明這個男人妳值得託付，或者至少說明此時妳對他而言非常重要。

林凱曉得我突然消失的原因後，他說會和家人說明，也說他不會輕易放棄我，請求我不要再像之前那樣一走了之，輕言放棄。

再次和他的家人見面，我看得出他媽媽對我的態度稍微緩和一點。可能她根本沒想到，怎麼她寶貝兒子竟然對我這樣一個平凡的女孩如此執著，甚至不惜跟自己的媽媽嘔氣。但此時我可沒有什麼好竊喜的，因為我知道，女人的嫉妒心有多麼可怕，萬一她媽媽認為我搶走了她兒子，對我進行核戰等級的反擊，我恐怕沒有那麼強大的防禦力。

所以，我表現得很謙和，想用涵養來告訴他的家人，不是有錢人才有涵養，我們的涵養與生俱來，不像你們中的很多人是錢堆出來的。

席間，林凱因為工作的事臨時離席接電話，我知道，只剩下我一個人時，他們一定會有行動。果然，他媽媽開口了：「既然林凱對妳這麼用心，我們也沒什麼好說的。我是沒見我兒子這樣過，我不知道妳給他下了什麼迷藥，但既然已經這樣了，我就一句話吧，妳嫁進我們家一定要對林凱好。還有，妳要是兩年內不能給林凱生個兒子，我們也不能接受妳。所以你們就算結婚了，前兩年也是試用期。聽說妳在雜誌社上班，我跟林凱說過，既然你們要在一起，妳就不能去上班，我們家的媳婦不需要在外頭拋頭露面，反正每個月都會給妳生活費，妳在家待著就行了。」

林凱的媽媽一副皇太后的樣子沒完沒了地說，我面無表情地聽著。直到她說完最後一句話，我笑了笑，給她斟了杯她喜歡的八八年波爾多，然後說：「很感謝您的認可。但是我想有件事情必須和您說明，我還沒有帶林凱去見過我父母，我嫁不嫁也要我家人點頭。我爸媽呢，一直反對我跟林凱交往，因為他們總說有錢人薄情。可我覺得林凱一點都沒有沾染有錢人的惡習，他對我很好，情深意重，我想這點肯定是遺傳了您。還有，您說生孩子的事，我每年都去體檢，身體各方面都沒問題。但您非要我保證兩年內生個兒子，我想我無法承諾，因為這種事不是做生意，孩子什麼時候來得上帝說了算。

另外關於試用期，我完全可以接受。從我結婚那天起，林凱就相當於我的同事，您和林伯伯就等於是我的上司。我會用對待上司和同事的方式對待你們，但千萬不要指望我改變，因為我對待上司和同事的準則是，做好我本份內的工作，但絕不委曲求全。試用期對我而言也是兩方面的，如果和上司處不來，我也可以辭職，公司內的業績我也理應一併帶走。如果我有了孩子，那就屬於我的業績，我自然也會一併帶走。再者就是，我只是雜誌社的小職員沒錯，但我需要這份工作，每天待在家裡的生活不是我想要的，我也不希望靠老公給的生活費過活。但我還是很感謝您，替我把人生規畫好了，連我媽都沒有幫我規畫過人生。」

我說完話，林凱媽媽一臉愕然地看著我，他爸爸則在一邊笑呵呵地坐著，果然是久經商場的老手。

對待有錢老公的家人，如果他們是那種很講道理的類型，那真的要放鞭炮慶祝，因為那實在太難得了。大部分的狀況其實和我所遇到的類似，也和電視劇演的劇情相似。尤其當你們背景非常懸殊時，這時候即使他家人接受了妳這個媳婦，也會在心裡給妳降好幾階。換言之，在一般男人的媽媽眼裡，妳好歹也是一枝花，但在有錢老公的媽媽眼裡，妳就是個豆腐渣，不排擠妳一下她就感到不舒服。

剛開始，建議妳隱忍。畢竟要尊敬長輩，給老公面子。但如果這樣的事情接二連三發生，建議妳最好能夠急中生智予以反駁。因為無數事實證明，有些人就是欺軟怕硬、得寸進尺，正所謂妳退一步，她進十步，直到把妳逼上絕路。

一定要適時地反擊回去，但如何反擊也是有方法的。絕不能面紅耳赤，就算她說的話再難聽，妳也一定要保持鎮定，說話不急不徐，不帶任何感情，說完之後切記一定要保持微笑，讓她摸不透妳的心思。

要知道，無論如何，對方都是妳男友或老公的家人，正面衝突都是不好的。俗話說得好，伸手不打笑臉人，要謹記這一點。如果妳遭遇了一個愛挑剔的婆婆，那妳在盡量謹小慎微的同時，要學會投其所好。看看港星張柏芝在離婚前和婆婆的相處之道，妳還沒學會嗎？要懂得「孝敬」婆婆，知道她喜歡什麼就買給她。不過這裡還有一個問題，買東西涉及到花錢，這時候妳最好用自己的錢買給她，不然她拿到禮物後，說不定還怪妳亂花她兒子的錢，但妳用自己的錢就無所謂了。所以說，就算妳嫁入豪門，也得有自己獲得收入的管道，千萬別做伸手人，整天只會說：「老公你給我錢，我要買什麼什麼……」相信我，時間久了男人也會覺得不爽。

還有一點，有錢婆婆最常用的手段，就是當著妳的面貶低妳家人。有些女人選擇隱忍，我真是氣憤，無論是在電視上看到，還是現實中聽朋友講述他人的故事。這一點是絕對不能隱忍的，不僅會讓對方變本加厲，並且認為妳是一個什麼都不在乎的女人，試問這樣的女人，又有誰會真的尊重她呢？有些東西，無論何時妳都必須要堅持，哪怕要因此付出代價。

比如很常出現的橋段：有錢男友要妳辭職，雖然妳很喜歡這份工作，但妳沒有堅持，辭職了。在家裡做全職主婦，但沒過多久妳就覺得倦怠，整個人也變得很消極。這時候妳男友也會察覺，甚至抱怨妳，妳可能會反問，不是你要我待在家裡的嗎？我在家無所事事就是這樣，你有什麼好埋怨的？但妳知道男友心裡會想什麼嗎？他會想：我說什麼妳就做什麼，沒腦子嗎？自己不會思考嗎？

沒錯，就是這樣。妳可以罵他是王八蛋，但那毫無意義。妳可能已經長達一年或者兩年沒有上班了，妳甚至忘了該怎麼上班。這時候妳更覺得自己不能輕易離開他，他對妳而言是生活的全部重心，這就是糟糕的地方。妳為此可能失去很多本擁有的東西，但現在妳必須靠他每月給妳生活費，想買什麼東西時要看他臉色，並且要忍受他家人對妳的挑剔。

那樣的生活想想都難受，難道妳真的願意做一個老公一回家就笑臉相迎，無論老公說什麼都好言相對的女人，只為了從老公那裡多拿一點生活費，然後一邊在廁所數生活費一邊罵：「要不是老娘要找你要錢，你算老幾啊！」然後一開門看到老公站在門外，又趕緊換一張臉：「親愛的，你在這裡啊，那我先回臥室等你嘍！」

綜上所述，無論何時，無論妳找什麼樣的男友，無論他擁有什麼妳渴望的東西，妳都必須保留妳應該堅持的，只有那樣妳才能照著自己期待的樣子生活，而不是變成別人想要的樣子。

別讓他以為他是妳的全部

林凱受到他老媽的影響，這幾天有事沒事就在我耳朵旁叨念，不時在我嘆氣之後對我說：「親愛的，很累吧，累的話就辭職好了，我養妳。」

我轉頭看著他，果真是媽媽的好兒子啊，這麼快就開始和你媽一鼻孔出氣了。「我辭職之後要做什麼呢？」我問林凱，他笑著告訴我，「做什麼，自然是妳想做什麼就做什麼，妳可以去旅遊啊、逛街啊，當然也可以在家做全職主婦，那我就幸福了。」

我問林凱，「難道我不做全職主婦，你就不幸福了嗎？」他搖頭說只是希望我別太累。他對我的執著很不理解，因為他不明白，為什麼工作對我來說那麼重要，甚至讓他覺得好像比他還重要。

其實那不過都是假象，誰不嚮往衣來伸手、飯來張口的闊太太生活？只是我見慣了沒有「好下場」的闊太太，我不想為了一時的願景毀了自己的一生。

這件事情被擱置了一段時間，但後來林凱又提出要我辭職的要求，我依然沒有妥協。不過這一次他似乎也不打算妥協，我們為此冷戰了兩三天，之後他主動提出和解。他很想知道，為什麼我這份對他或他的家人來說根本微不足道的工作，會令我這麼看重。其實，我並非多麼在乎現在工作，我在乎的是屬於我發揮的空間，以及它能帶給我的收入。

我承認，做林凱的全職主婦，每個月從他那裡得到的錢說不定比我現在的薪水還多。可是就算林凱現在表現得如此愛我，我也沒有本錢為此賭上一生，認為他之後的五十年內會對我不離不棄。我不想成為一個只有依附老公才能生存的人，同時我更不想讓他的家人那麼認為。我不希望他們以為他們家對我施予了莫大的恩惠，因為對我的父母而言，林凱能夠娶到我，他也是賺到的。

我也曾問林凱，為什麼一定要我放棄現在的工作，改變我的生活狀態，難道只有這樣我才符合嫁給他的標準嗎？他給我的答案是，他只是希望我能輕輕鬆鬆的。只是他不知道，一旦依附在男人的羽翼下，這個女人將注定再也不能輕鬆地生活。即便表面上過得光鮮亮麗，但說到底，她正逐漸淪為這個男人的附屬品，並且漸漸失去很多原屬於自己的東西。這一點我是不能容忍的，我無法容忍自己越來越不像自己。同樣，這麼做的結果也非常可怕，當一件附屬品變得又老又舊之後，就算之前你對它愛不釋手，也會希望得到更新的。就算你是個念舊的人，不忍丟掉，也會自此把它束之高閣，美名其曰「愛護古物」，其實背地裡卻和新歡徹夜纏綿。

我承認這樣的想法多少有些杞人憂天的成分，但婚姻於我而言的確值得杞人憂天，因為我只要結了婚，就不打算離婚，也從不想再婚。

我堅持自己要的東西，自始至終，以至於我和林凱的關係一度崩裂。那之後他媽媽見縫插針給他介紹了一個門當戶對，甘願做全職主婦的小女人。不過一年之後他們分手了，林凱又回到我身邊。我本想拒絕，但又突然想通了一件事，一個曾經離開妳的男人其實並不可恨，一個曾經離開妳，之後發現只有妳最好又回到妳身邊的男人，也並不一定不能再愛，至少他明白了一件事——那就是，這個世界上沒有那麼多如妳這般的女人。

當然妳可能會想，有第一次就會有第二次。但愛情嘛，有時需要冒險精神，只是在冒險之前，妳確定自己能夠承受結果就好。我想我能承受，因為從始至終，我從未讓自己變成他的附屬品。我想他也很清楚，他並不是我的全部，即便在我的心裡是，但我也絕不表現出來。這樣他才會明白，如果他離開後再轉身，我不是什麼時候都在原地的。

不要讓男友覺得他是妳的全部，這一點同樣適於任何一段戀情。

從多金這個角度而言，妳會讓妳的男友產生絕對強勢的優越感。這樣一來，他就會漸漸收回對妳的愛和包容，並且在很多事情上對妳諸多要求，並且毫無意識那是錯的，當最後形成習慣時，妳的地位也就會從原本就不高的小丘直接變成盆地。

所以正確的做法是，妳要保留自己的空間，有妳自己想做的事情。不要每天他一回來，妳就像跟屁蟲一樣跟在身後，那並不能讓他更愛妳。反之，還會讓他在無形中忽視妳。要懂得保留女人骨子裡那份天生的驕傲，管他是不是多金男。

從男人的角度而言，無論他多不多金，他們生性嚮往追逐和刺激。一旦妳由一隻奔放的獵物變成一隻乖巧的寵物時，他對妳的興趣也會逐漸減少。若此時外面再出現幾隻活跳跳的獵物，試問，天生嚮往捕獵的男人會甘願守著妳嗎？不必多想，他此時一定已經在追逐其他獵物的路上了，即使他考慮到彼此的感情，身未動，但心已遠。

所以，妳要保持自己的神祕感，永遠站在男人前方不遠處，讓他們追在妳的身後，這樣一來，他們才會對妳永遠感興趣，而妳在他們眼中也才會成為那朵不凋謝的女人花，反之，妳就是狗尾草。

那麼如何才能避免落入狗尾草的命運呢？最重要的一點就是，不要讓他成為妳的全部。妳大可以繼續參加妳的姊妹派對，保有妳的習慣，照舊妳的工作。讓妳的生活豐富多采起來，告訴他，妳可以做他想要的賢慧人妻，那是因為妳愛他，但妳也絕對要保留妳原來的生活狀態，不是因為他不夠重要，而是因為妳期待與他相守一生。

這一點對想要和多金男相處的女人來說太重要了。想想看，一個多金男身邊有多少蒼蠅飛來飛去，妳如果不保留自己原本的特色，那妳和那些圍繞他身邊的女人有什麼差別。他追求妳時，或許就是因為妳的特別。妳為了和他相處，輕易地改變自己，久而久之他會倦怠，甚至開始懷疑當初選擇妳究竟是為了什麼。如今看來，妳和他身邊的女人毫無差別，那他為什麼還要守著妳一個人，而不縱情林海呢？

所以，某種程度而言，男人都犯賤，女人越不讓他們百分之百的滿意，他們就越有心思想要讓女人滿意。

Postscript

後記：告別單身，妳需要百分之百愛自己

是的，我有十個前男友，雖然現在尚未有一個修成正果，但我並不濫情。每段感情對我而言，都是值得紀念與學習的。之前總是有人說，女人是男人的學校，而一段段的感情經歷就是女人的學校。在這裡，我學會了如何去愛一個人，每當與一個男友擦身而過之後，我就更明白該如何包容一個人，雖然我們的感情終結了，但卻讓我擁有更多愛的人的能力。

提到對的人，其實誰知道到底哪一個人才是對的呢？只不過我奉行「吃不到的葡萄都是酸的」的道理，不強求，不固執……因為現在的我非常清楚，愛情是最不能被強求的事。縱使妳再愛一個人，當妳知道你們在一起的結局將會兩敗俱傷時，妳就不該期待有奇蹟出現。因為，愛情除了相遇是奇蹟之外，相處靠的就是兩個人的磨合和努力，當你們努力了，也盡力磨合了之後，若還不能如願，那就該放手。

放手對每個人都是困難的，雖然我寫的那麼輕鬆，可是只有自己知道，多少個夜晚無眠至天亮，多少次自問，是不是我就是天生的孤獨命？

愛情不能拿來當賭注，尤其是當妳想把愛情變為婚姻時。我可以清楚地告訴妳，愛情是美好的，然而婚姻卻不是，愛情可以完全靠感覺，婚姻卻需要經營。所以，不要輕易把妳的一生許給一份妳根本沒有把握維持的婚姻。

或許因為這個原因，我有了十個男友，把我所認識的這些人分類、分析之後講給你們聽。我沒有辦法告訴妳如何戀愛，但至少可以告訴妳我是如何戀愛的，並且希望你們能從這些微薄的經歷中得到一點幫助。

最後，有一個愛情必殺技，我連琳達都不曾說過，那就是無論何時，請先百分之百地愛自己。不要輕易為任何人去改變自己，如果一個人愛妳，那他自然是愛現在的妳，真正的妳。如果一個人只看重某些東西，那妳完全沒有必要去委屈自己，讓內在的自己「面目全非」，最後當他離妳遠去時，妳也無法再拼湊回曾經的妳。

愛情是最美的學習，我願埋進你，並讓你埋進我，在彼此的土壤裡相互汲取養分，共生共存。

國家圖書館出版品預行編目資料

男人不說，女人真不懂：那些前男友教我的一些事 / 安小萌著.
－－第一版－－臺北市：宇河文化出版；
紅螞蟻圖書發行，2015.01
面 ； 公分－－(Women's Life；29)
ISBN 978-957-659-981-1（平裝）

1.戀愛 2.兩性關係
544.37　　103024179

Women's Life 29

男人不說，女人真不懂：那些前男友教我的一些事

作　　者／安小萌
發 行 人／賴秀珍
總 編 輯／何南輝
責任編輯／王怡之
美術構成／張一心
出　　版／宇河文化出版有限公司
發　　行／紅螞蟻圖書有限公司
地　　址／台北市內湖區舊宗路二段121巷19號（紅螞蟻資訊大樓）
網　　站／www.e-redant.com
郵撥帳號／1604621-1　紅螞蟻圖書有限公司
電　　話／(02)2795-3656（代表號）
傳　　真／(02)2795-4100
登 記 證／局版北市業字第1446號
法律顧問／許晏賓律師
印 刷 廠／卡樂彩色製版印刷有限公司
出版日期／2015年 1月　第一版第一刷

定價 250 元　港幣 84 元

ISBN 978-957-659-981-1　　Printed in Taiwan